新时代新理念职业教育教材·铁道运输类
行业紧缺人才、关键岗位从业人员培训教材
校企“双元”合作开发教材

高速铁路行车组织

主　编　袁绍东
副主编　张　颖　夏　岩

北京交通大学出版社
·北京·

内 容 简 介

本书由高校教师和铁路企业专家根据《职业教育专业简介》（2022 年修订）和《高等职业学校专业教学标准》进行编写，体现最新教改精神，符合职业教育教学要求。本书共 8 部分，具体包括：绪论、高速铁路行车设备、高速铁路列车运行控制系统、高速铁路列车开行、高速铁路车站作业组织、高速铁路调度指挥、高速铁路非正常行车组织、高速铁路施工维修行车组织。本书体系完整、精练实用、图文并茂，适合作为高等职业院校、中等职业学校、技工学校铁道运输类专业的教材和铁路企业职工培训教材，还可供铁路相关专业技术人员参考。

图书在版编目（CIP）数据

高速铁路行车组织 / 袁绍东主编. —北京：北京交通大学出版社，2023.1（2024.7 重印）
ISBN 978-7-5121-4855-0

Ⅰ. ① 高…　Ⅱ. ① 袁…　Ⅲ. ① 高速铁路－行车组织－高等职业教育－教材
Ⅳ. ① U238

中国版本图书馆 CIP 数据核字（2022）第 246494 号

高速铁路行车组织
GAOSU TIELU XINGCHE ZUZHI

策划编辑：刘　辉　　责任编辑：刘　辉
出版发行：北京交通大学出版社　　电话：010-51686414　　http://www.bjtup.com.cn
地　　址：北京市海淀区高梁桥斜街 44 号　　邮编：100044
印 刷 者：北京鑫海金澳胶印有限公司
经　　销：全国新华书店
开　　本：185 mm×260 mm　　印张：9.5　　字数：236 千字
版 印 次：2023 年 1 月第 1 版　　2024 年 7 月第 2 次印刷
定　　价：42.00 元

本书如有质量问题，请向北京交通大学出版社质监组反映。对您的意见和批评，我们表示欢迎和感谢。
投诉电话：010-51686043，51686008；传真：010-62225406；E-mail：press@bjtu.edu.cn。

前言

在国家大力发展职业教育，不断加强新时代高技能人才队伍建设的新形势下，我们总结多年教学经验，融合铁路企业一线岗位要求，根据教学需要，编写了本书。本书具有以下特点。

（1）体现最新教学标准。本书根据《职业教育专业简介》（2022年修订）和《高等职业学校专业教学标准》进行编写，体现最新教改精神，是一本落实教学标准的贯标教材。

（2）符合职业教育要求。本书体系完整、内容精练，以工作岗位对职业能力的要求为纲，对知识和技能的阐述以“够用”为度，图文并茂，契合职业教育学生的认知特点。

（3）校企双元合作开发。本书由高校教师和铁路企业专家联合进行总体构思、框架设计和内容选择，是一本校企双元合作开发教材。

本书共8部分，具体包括：绪论、高速铁路行车设备、高速铁路列车运行控制系统、高速铁路列车开行、高速铁路车站作业组织、高速铁路调度指挥、高速铁路非正常行车组织、高速铁路施工维修行车组织。本书由袁绍东担任主编，张颖、夏岩担任副主编，张颖负责统稿。

本书部分内容为中国铁路总公司制定的《铁路技术管理规程》的条文，为保持一致性，沿用了中国铁路总公司、铁路局等单位名称，特此说明。

受限于编者的水平和时间，本书不足之处在所难免，恳请广大读者批评、指正。反馈意见，索取教学资源，可与出版社编辑刘辉联系（邮箱：hliu3@bjtu.edu.cn；QQ：39116920）。

编　者

2023年1月

目录

绪 论

知 识 点

铁路行车组织

铁路行车组织的主要内容

高速铁路行车组织

技能目标

掌握铁路行车组织的概念和主要内容

了解高速铁路行车组织基础知识

1. 铁路行车组织的概念

铁路行车组织是铁路运输生产组织工作最核心的组成部分，是综合运用各种运输设备来组织运输生产的技术业务。

铁路行车组织通过采用先进的运营组织方法，密切铁路内部各部门和铁路外部各企业间的协作，建立正常稳定的运输生产秩序，安全、正点、优质、高效地完成运输任务。

铁路行车组织工作，必须贯彻安全生产的方针，坚持高度集中、统一领导的原则，发扬协作精神，运输、机务、车辆、工务、电务、供电、信息等部门要主动配合，紧密联系，协同动作，组织均衡生产，不断提高效率，挖掘运输潜力，完成铁路运输任务。

2. 铁路行车组织的主要内容

铁路运输生产是以列车为核心元素进行的。凡是与列车运行、机车和车列移动有关的各项活动，都属于行车组织的范围。具体来说，行车组织工作主要包括：车流组织、列车运行图的编制、通过能力的加强、运输计划的编制，还有日常运输生产的调度指挥，列车到达、出发的技术作业，车列的解体、编组，以及车辆的摘挂、取送作业，等等。

3. 高速铁路行车组织

我国高速铁路列车运行已逐步实现网络化，其具有密度较高、速度够快、可靠性较强的特点。高速铁路行车组织在节点范围、通道区域、环节控制、指挥调度等方面具有很高的关联性，其对每个环节的配合、质量、目标要求都很高，必须保障各个环节设计的合理性。

与普速铁路行车组织相比，高速铁路行车组织有以下特点：

（1）接发列车作业由人工办理向设备控制自动办理转化；

（2）列车运行指挥从列车调度员—车站值班员—司机三级管理向列车调度员直接指挥列车转化；

（3）铁路信号从以车站联锁为中心向以列车运行控制系统为中心转化。

项目1
高速铁路行车设备

知 识 点

高速铁路线路、桥梁及隧道

高速铁路通信与信号设备

高速铁路车站及枢纽

高速铁路动车组

供电、给水设备

技能目标

掌握高速铁路线路、桥梁及隧道的相关规定

掌握高速铁路通信与信号设备的相关规定

掌握高速铁路车站及枢纽的相关规定

掌握高速铁路动车组的相关规定

掌握供电、给水设备的相关规定

任务 1.1 高速铁路线路、桥梁及隧道

1. 一般要求

（1）为了保证线路、桥隧、路基等设备质量，应设工务段等工务维修机构。

工务段管辖正线长度，应根据单线或双线、平原或山区等条件确定。在工务段管辖范围内有动车段、枢纽或编组站时，应适当减少正线管辖长度。

铁路局根据需要和条件，设供铁路专用的采石场和林场。

（2）工务维修机构应有机具检修、配件修理、辅助加工等设施，动力、机修、起重、试验等设备，以及轨道车和汽车等运输工具；根据养护维修需要还应有大型养路机械、工务专用机械设备、移动检测设备，以及检修、焊轨基地等。

2. 铁路线路

（1）铁路线路分为正线、站线、段管线、岔线及安全线等。

正线是指连接车站并贯穿或直股伸入车站的线路。

站线是指到发线、调车线、牵出线、货物线及站内指定用途的其他线路。

段管线是指机务、车辆、工务、电务、供电等段专用并由其管理的线路。

岔线是指在区间或站内接轨，通向路内外单位的专用线路。

安全线是为防止列车或机车车辆从一进路进入另一列车或机车车辆占用的进路而发生冲突的一种安全隔开设备。

（2）铁路区间线路最小曲线半径规定见表 1–1；最大曲线半径为 12 000 m。

表 1–1 铁路区间线路最小曲线半径规定

路段设计行车速度（km/h）		最小曲线半径（m）	
200	客运专线	一般	2 200
		困难	2 000
250	有砟轨道	一般	3 500
		困难	3 000
	无砟轨道	一般	3 200
		困难	2 800
300	有砟轨道	一般	5 000
		困难	4 500

续表

路段设计行车速度（km/h）		最小曲线半径（m）	
300	无砟轨道	一般	5 000
		困难	4 000
350	有砟轨道	一般	7 000
		困难	6 000
	无砟轨道	一般	7 000
		困难	5 500

限速地段曲线半径应符合有关设计规范的规定。

区间正线的最大坡度不宜大于 20‰，困难条件下经技术经济比较后不应大于 30‰。动车组走行线的最大坡度不宜大于 30‰，困难条件下不应大于 35‰。当动车组走行线的最大坡度大于 30‰时，宜铺设无砟轨道。

（3）中间站、越行站应设在直线上。始发站宜设在直线上，困难条件下设在曲线上时，曲线半径不应小于相应路段设计速度的最小曲线半径。

到发线有效长度范围内应设在平道上，当设在坡道上时不大于 1‰，越行站可设在不大于 6‰的坡道上。车站咽喉区的正线坡度宜与到发线有效长度范围内坡度一致；困难条件下，始发终到站不宜大于 2.5‰，中间站不宜大于 6‰。到发线有效长度范围内应采用一个坡段。

3. 线路平面及纵断面

线路平面及纵断面应保持原有标准状态。区间线路变动时，须经铁路局批准，但曲线半径不得小于该区间规定的最小曲线半径，坡度不得大于该区间规定的最大限制坡度。线路平面及纵断面有变动时，必须及时通知有关单位。

凡变更线路平面及纵断面，竣工后由施工单位立即检查，并形成完整的竣工资料，移交负责维修和使用的单位。

在任何情况下，线路平面及纵断面的变动，必须满足限界要求。

4. 路基

（1）路基面的宽度，应考虑设计速度、轨道类型、线间距、电缆槽、接触网支柱、路肩宽度等计算确定。

有砟轨道路肩宽度：线路设计速度为 200 km/h 区段的路肩宽度不应小于 1.0 m；250 km/h 及以上区段双线不应小于 1.4 m，单线不应小于 1.5 m。无砟轨道路肩宽度：根据无砟轨道形式、电缆槽和接触网基础类型等确定。

曲线地段路基外侧加宽办法按铁路有关规定、规范执行。

路基应避免高堤深堑。

路基两侧应留有足够宽度的铁路用地，保证路基稳定，满足维修检查通道、栅栏设置、绿色通道建设及防沙工程的要求。

（2）路基应采用优质填料填筑坚实，基床及过渡段应强化处理，并设置良好的防排水设备、完善的防排水系统、安全可靠的防护设施和支挡结构，工后沉降应满足相应的限值要求。对不良地质条件、特殊土及特殊环境等地段的路基，应采取可靠的加固处理措施，困难时应以桥梁等结构物代替。

在路基范围内埋设电缆和接触网支柱基础时，必须保证路基的稳定和坚固及排水等设施的正常使用。

路基宜优先采用有利于环保的植物（以灌木为主）保护，植物选择应根据当地条件、种植目的及经济适用性等确定，以优良的乡土植物为主。

（3）无砟轨道路基工后沉降应当满足线路平顺性、结构稳定性和扣件调整能力的要求。有砟轨道路基工后沉降应满足线路平顺性和养护维修工作量的要求。具体限值执行相关规定。

5. 桥隧建（构）筑物

（1）铁路桥梁、涵洞及隧道，均应修建为永久性结构，具有良好的耐久性，符合工程结构抗震和相应的技术规范要求，桥上和隧道内有砟轨道应满足大型养路机械清筛作业的要求，其限界应根据规划考虑发展的需要。

桥涵的承载能力、动力性能和墩台基础工后沉降，应符合有关的技术要求。桥涵建（构）筑物应确保通过的线路具有良好的稳定性和平顺性，结构构造应便于检查和养护，并设置检查设施。桥上通过重型铁路救援起重机前，应进行承载性能检算。

隧道断面面积应满足旅客舒适性要求，衬砌、洞门结构、洞口仰坡、轨下基础应安全稳定，并具备良好的防排水系统。

（2）桥梁、涵洞孔径及净空，应满足国家防洪设防标准，能保证设计的最大洪水正常通过，并保证流冰、泥石流、漂浮物和通航等必要高度。

桥梁墩台基础应有足够的埋置深度，满足抗冲刷要求。

桥梁、涵洞应考虑排洪和灌溉等综合利用。

（3）桥梁、隧道应按规定设置作业通道、专用洞室、电缆沟（槽）、电气化预埋件及必要的检查和消防设备等，应预留轨旁设备安装条件。铁路桥梁作业通道和隧道内安全空间、救援通道、应急照明和通信以及其他相关设施的设置等应符合有关设计规范规定。隧道内空气标准达不到规定要求时，应设置机械通风，瓦斯隧道还应设置必要的瓦斯监测设备。

直线桥梁自线路中心至作业通道栏杆内侧的净距：200 km/h 以上铁路无砟轨道桥面应不小于 3.45 m，有砟轨道桥面应不小于 3.75 m；200 km/h 及以下铁路应不小于 3.25 m。作业通道宽度应不小于 0.8 m。

桥长超过 3 km 时，应每隔约 3 km（单侧约 6 km）在线路两侧交错设置 1 处可上下桥的救援疏散通道，并设置防护门。长度 3～20 km 的隧道，应按相应规定设置紧急出口或避难所；长度超过 20 km 的隧道或隧道群，应设置紧急救援站。

6. 轨道

（1）新建 300 km/h 及以上铁路、长度超过 1 km 的隧道及隧道群地段，可采用无砟轨道。

正线及到发线轨道应采用一次铺设跨区间无缝线路，正线钢轨应采用 100 m 长定尺的 60 kg/m 钢轨。绝缘接头应采用胶接绝缘接头。高速铁路有砟轨道正线应采用特级碎石道砟。

（2）轨距是钢轨头部踏面下 16 mm 范围内两股钢轨工作边之间的最小距离。直线轨距标准为 1 435 mm。

（3）线路两股钢轨顶面，在直线地段应保持同一水平。曲线地段的外轨超高，应按有关规定的办法和标准确定。

（4）道岔应铺设在直线上，正线道岔不得与竖曲线重叠。车站正线及到发进路上的道岔宜采用可动心轨道岔，道岔轨型应与正线和到发线的轨型相同。

钢轨伸缩调节器应铺设在直线上，避免与竖曲线重叠。

（5）道岔辙叉号数选择应符合下列规定：

① 正线道岔的直向通过速度不应小于路段设计行车速度。

② 正线与到发线连接应采用 18 号道岔。两正线间的渡线应按功能需要选用 18 号及以上道岔。

③ 始发或终到车站以及改、扩建车站，在特别困难条件下，可采用 12 号道岔。

④ 正线与联络线连接的道岔辙叉号数应按联络线设计行车速度选用，并宜选用大号码道岔。

（6）道岔应保持良好状态，道岔各零部件应齐全，作用良好，缺少时应及时补充。道岔出现伤损或病害时，应及时修理或更换。

（7）联锁道岔应配备紧固、加锁装置，以备联锁失效时用以锁闭道岔。铁路局应制定联锁失效时防止扳动的办法。

紧固装置采用紧固器，加锁装置采用勾锁器。

7. 线路交叉及接轨

（1）线路应全封闭、全立交，线路两侧按标准进行栅栏封闭，对铁路技术作业的专用通道和处所，须设置“非铁路作业人员禁止进入”的警示标志。站内不得设置平过道。

（2）安全线设置条件应符合下列规定：

① 联络线、动车组走行线与正线接轨时应设置安全线，与到发线接轨时可不设安全线。

② 维修工区（车间）等线路与到发线或其他站线接轨时，应在接轨处设置安全线。

③ 有折返列车作业的中间站，有动车组长时间停留的到发线两端应设置安全线。

④ 接车线末端、接轨处能利用其他站线及道岔作为隔开设备并有联锁装置时，可不另设

安全线。

安全线的设计应符合相关设计规范的要求。

（3）各种建（构）筑物、电线路、管道及渡槽跨越铁路，横穿路基，或在桥梁上下、涵洞内通过铁路时，应提出设计、施工方案和安全措施等文件，经铁路局同意，并派员对施工现场实行安全监督下，方可施工。

8. 防护栅栏

（1）防护栅栏设置应符合铁路线路防护栅栏有关标准的规定。

（2）防护栅栏的设备管理由工务部门负责，治安管理由铁路公安部门负责。

（3）对各类通道须设门加锁，由使用单位落实管理责任。

铁路工务、电务、车务、供电等部门因作业需要设置作业门时，按照“谁使用，谁申请，谁管理”的原则，由使用单位提出申请报铁路局栅栏设备管理部门批准，站区内还需经车务部门批准，经与栅栏设备管理单位和属地铁路公安部门办理书面手续后方可设置。铁路工作人员专用通道、作业门应有警示标识。

9. 声屏障

（1）根据铁路噪声排放治理需要，可在铁路两侧设置声屏障。声屏障应满足国家和行业相关标准和规范的要求。

声屏障设置应符合铁路建筑限界的规定，安装强度须保证运输安全，并满足铁路设施检修和维护的要求，不得影响其他行车设备的安全运行。声屏障应进行定期检查和维护。

（2）路基声屏障连续长度超过 500 m 时，应根据疏散和检修要求统一设置安全通道，安全通道外边坡处应有安全通行条件；桥梁声屏障安全通道应结合救援疏散通道设置。

任务 1.2　高速铁路通信与信号设备

1. 一般要求

（1）为保证信号、通信设备的质量，应设电务段、通信段等电务维修机构。电务段、通信段管辖范围应根据信号、通信设备等条件确定。

（2）电务维修机构应具备设备检修、测试场所，配置相应的仪器仪表、工装机具以及交通工具、应急通信设备等。

在动车组、机车和轨道车的检修地点应设列控车载设备、机车信号、列车运行监控装置（LKJ）、轨道车运行控制设备（GYK）及车载无线通信设备等的检修与测试场所。

铁路电务设备维护工作应按设备技术状态进行维修，并按周期进行中修和大修。电务车载设备结合动车组、机车和轨道车各级检修修程，同步进行检修。

（3）对设有加锁加封的信号设备，应加锁加封，必要时可设置计数器，使用人员应负责其完整。对加封设备启封使用或对设有计数器的设备每计数一次时，使用人员均须在《行车设备检查登记簿》内登记，写明启封或计数原因。加封设备启封使用后，应及时通知信号部门加封。

使用计算机技术控制的信号设备实现加锁加封功能时，应使用密码方式操作。

（4）集中联锁车站和自动闭塞区段应装设信号集中监测系统，对信号设备运用状态进行实时监测，实现故障及超限告警。

（5）信号、通信设备及机房，应采取综合防雷措施，设置机房专用空调。信号及通信设备，应装有防止强电及雷电危害的浪涌保护器等保安设备，电子设备应符合电磁兼容有关规定。

（6）列控车载设备、机车信号设备、列车运行监控装置（LKJ）、轨道车运行控制设备（GYK）和车载无线通信设备等的电源，均应取自车上直流控制电源系统，直流输出电压为110 V 时，电压波动允许范围为−20%～+5%。

2. 信号

（1）信号机按用途分为进站、出站、通过、进路、复示、调车信号机等。

（2）各种信号机及表示器，在正常情况下的显示距离：

① 高柱进站、高柱通过信号机，不得小于 1 000 m；

② 高柱出站、高柱进路信号机，不得小于 800 m；

③ 调车、矮型进站、矮型出站、矮型进路、矮型通过、复示信号机，引导信号及各种表示器，不得小于 200 m。

在地形、地物影响视线的地方，进站、通过信号机的显示距离，在最坏的条件下，不得小于 200 m。

（3）铁路信号机应采用色灯信号机。

区间不设通过信号机的线路，车站信号机宜采用矮型信号机。

区间设通过信号机的线路，信号机应采用高柱信号机，在下列处所可采用矮型信号机：

① 不办理通过列车的到发线上的出站、发车进路信号机；

② 道岔区内的调车信号机；

③ 桥梁、隧道内的通过信号机。

特殊情况需设矮型信号机时，须经铁路局批准。

（4）信号机、区间信号标志牌应设在列车运行方向的左侧。反方向运行进站信号机可设在列车运行方向的右侧；其他特殊地段因条件限制，需设于右侧时，须经铁路局批准。

在确定设置信号机地点时，除满足信号显示距离的要求外，还应考虑到该信号机不致被误认为邻线的信号机。

（5）车站必须设进站信号机。进站信号机应设在距进站最外方道岔尖轨尖端（顺向为警冲标）不小于 50 m 的地点，根据需要可适当延长。

进站信号机及防护分歧道岔的通过信号机外方，无同方向的通过信号机时，应设置预告标。

（6）在车站的正线和到发线上，应设出站信号机。出站信号机应设在每一发车线的警冲标内方（对向道岔为尖轨尖端外方）适当地点。

（7）通过信号机或区间信号标志牌应设在闭塞分区或所间区间的分界处，不应设在牵引供电分相的处所。

高速铁路闭塞分区的划分，应满足动车组列控车载设备按照目标距离模式控车和未装备列控车载设备的列车按四显示自动闭塞行车的要求。

进站信号机前方第一、第二架通过信号机的机柱上，应分别涂三条、一条黑斜线。

（8）特殊地段因条件限制，同方向相邻两架指示列车运行的信号机间的距离小于列车规定速度的制动距离时，应采取必要的降级或重复显示措施。

（9）出站信号机有两个及以上的运行方向，而信号显示不能分别表示进路方向时，应在信号机上装设进路表示器。

发车进路兼出站信号机，根据需要可装设进路表示器，区分进路方向。

（10）为满足调车作业的需要，应设调车色灯信号机。

正线、到发线不宜设置调车信号机，岔线、段管线、动车段（所）根据需要设置调车信号机。

（11）设有两个及以上车场的车站，转场进路应设进路色灯信号机。

（12）进站、接车进路及线路所通过信号机，均应设引导信号。出站、发车进路信号机可设引导信号。

（13）进站、出站、进路信号机及线路所通过信号机，因受地形、地物影响，达不到规定的显示距离时，应设复示信号机。

设在车站岔线入口处的调车色灯信号机，达不到规定的显示距离时，根据需要可设调车复示信号机。

3. 联锁

（1）车站、线路所、动车段（所）应采用计算机联锁设备。计算机联锁设备具备与列控中心（TCC）、信号集中监测系统、调度集中系统（CTC）或列车调度指挥系统（TDCS）的接口功能，在 CTCS-3 级区段还应具有与无线闭塞中心（RBC）等设备的接口功能。

（2）站内正线及到发线上的道岔，均须与有关信号机联锁。区间内正线上的道岔，须与有关信号机或闭塞设备联锁。各种联锁设备应满足下列条件：

① 当进路上的有关道岔开通位置不对或敌对信号机未关闭时，防护该进路的信号机不能开放；信号机开放后，该进路上的有关道岔不能扳动，其敌对信号机不能开放。

② 装有转辙机（转换锁闭器）的道岔，当第一连接杆处（分动外锁闭道岔为锁闭杆处）的尖轨与基本轨间、心轨与翼轨间有 4 mm 及以上水平间隙时，不能锁闭或开放信号机。

（3）集中联锁设备应保证：当进路建立后，该进路上的道岔不能转换；当道岔区段有车占用时，该区段的道岔不能转换；列车进路向占用线路上开通时，有关信号机不能开放（引导信号除外）；能监督是否挤岔，并于挤岔的同时，使防护该进路的信号机自动关闭，被挤道岔未恢复前，有关信号机不能开放。

集中联锁设备，在控制台（或操纵、表示分列式的表示盘及监视器）上应能监督线路与道岔区段是否占用、进路开通及锁闭，复示有关信号机的显示。

（4）信号设备联锁关系的临时变更或停止使用，须经铁路局批准。

（5）站内最小轨道区段长度应满足动车组按该区段线路允许速度运行时列控车载设备可靠工作的条件。

（6）根据需要在车站列车进路上的道岔及其联动道岔可设置道岔融雪装置。

道岔融雪装置不得影响道岔和轨道电路的正常工作。

道岔融雪装置应具备手动和自动控制功能。

4. 闭塞

（1）双线区段自动闭塞设备应具备正方向自动闭塞、反方向自动站间闭塞的功能。

（2）区间及无配线车站占用时不应改变区间方向。无配线车站两端同一条线路的区间方向应保持一致。

5. 调度集中系统

（1）铁路运输指挥应采用调度集中系统（CTC）。

（2）CTC 由铁路局、车站两级构成。调度集中区段，车站应设集中联锁，区间应设自动闭塞或自动站间闭塞。

CTC 应能实时自动采集列车运行及现场信号设备状态信息，并传送到铁路总公司调度指挥中心和铁路局调度所，完成列车运行实时追踪、无线车次号校核、自动报点、正晚点统计分析、交接车自动统计、列车实际运行图自动绘制、阶段计划人工和自动调整、调度命令及列车计划下达、站间透明、行车日志自动生成等功能，还应实现列车编组信息管理、调车作业管理、综合维修管理、列车/调车进路人工和计划自动选排、分散自律控制和临时限速设置等功能。

CTC 具备与 RBC、GSM-R、临时限速服务器（TSRS）、相邻调度区段的 CTC/TDCS、计算机联锁、列控中心、信号集中监测系统、运输调度管理系统（TDMS）的接口能力。

CTC 应具备分散自律控制和非常站控两种模式。分散自律控制模式是通过调度集中设备，实现进路自动和人工办理的模式；非常站控模式是遇行车设备故障、施工、维修需要时，脱离调度集中系统控制转为车站联锁控制台人工办理的模式。

（3）CTC 配置独立的处理平台，设备采用冗余配置，通信协议与 TDCS 一致。CTC 采用独立的业务专网，各级采用双局域网并通过专用数字通道组成双环形广域网。

（4）CTC 与 GSM-R 数字移动通信系统结合，实现调度命令、接车进路预告信息、调车作业通知单等向司机的传送，并能通过无线通信系统获取车次号校核、调车请求及签收回执等信息。

6. 机车信号、列车运行监控装置、轨道车运行控制设备

（1）最高运行速度不超过 160 km/h 的机车，机车信号设备与列车运行监控装置（LKJ）结合使用，轨道车等自轮运转特种设备使用轨道车运行控制设备（GYK）。

机车应装设连续式机车信号。机车信号的显示，应与线路上列车接近的地面信号机的显示含义相符。机车停车位置，应以地面信号机或有关停车标志为依据。

（2）列车运行监控装置（LKJ）具有监控、记录、显示及报警等功能。

LKJ 软件、基础数据和控制模式设定的管理，按铁路总公司有关规定执行。各机车、动车组运用区段车载数据文件的编制和控制模式的设定和调整，应由铁路局专业机构实施，由铁路局实行集中统一管理。

装备在动车组上的 LKJ 设备应按高于线路允许速度 2 km/h 报警、5 km/h 常用制动、10 km/h 紧急制动设置模式曲线。

LKJ 产生的列车运行记录数据是行车安全分析的重要依据，任何单位和人员不得更改。

电务维修机构应妥善保存 LKJ 列车运行记录数据。

（3）轨道车运行控制设备（GYK）具有轨道电路信息接收、运行监控、警醒、数据记录、语音记录及人机交互等功能。

轨道车运行控制设备（GYK）具有正常监控模式、目视行车模式、调车模式、区间作业模式和非正常行车模式等控制模式。

7. 信号集中监测系统

信号集中监测系统包括站机、采集设备、服务器、各级终端及数据传输设备，应全程联网，实现远程诊断和故障报警功能。

信号集中监测系统监测范围应包括计算机联锁设备、列控地面设备（无源应答器除外）、调度集中设备、电源屏等信号系统设备，同时还应具备与防灾、环境监测等系统的接口。

8. 通信

（1）铁路通信网是覆盖铁路的统一、完整的专用通信网，为运输生产和经营管理提供话音、数据和图像通信业务。

铁路通信应符合国家、铁道行业的有关技术标准和质量要求，确保全程全网安全、可靠、迅捷、畅通。

（2）铁路通信应根据下列主要通信业务，配置相应通信设备：

① 普通电话（固定、移动）；

② 专用电话（固定、移动），包括调度电话、车站（场）电话、站间行车电话等；

③ 数据承载；

④ 数据终端（铁路电报、列车调度命令信息无线传送、车次号校核信息无线传送、列车尾部风压信息传送、列车安全防护预警信息传送等）；

⑤ 图像通信（会议电视、综合视频监控等）；

⑥ 应急通信；

⑦ 时钟、时间同步基准信号。

9. 承载网

（1）传输网应提供多种速率、类型的通信通道。传输网应对重要业务通道进行保护，重要业务节点的系统和设备应采用冗余配置。

（2）数据通信网应为铁路运输组织、客货营销、经营管理等信息系统和综合视频监控、会议电视、应急通信、GPRS、旅客服务等业务提供承载平台。

数据通信网中的重要节点设备应冗余配置，其设备间的连接应采用不同的物理路由。

10. 业务网

（1）铁路各调度区段应设置调度通信系统，提供调度电话、车站（场）电话、站间行车电话等专用电话业务，满足铁路运输组织和生产指挥的需要。调度通信网络应保持相对独立和专用。

（2）列车调度电话准许列车调度员、动车（机车）调度员、供电调度员、车站值班员、助理值班员、动车组（机车）司机、自轮运转特种设备司机、动车段（所）值班员加入通话，根据需要允许动车组随车机械师（简称随车机械师）、车辆乘务员、客运调度员、列车长、牵引配电所值班员、客运值班员、救援列车主任和施工负责人及巡守人员加入通话。

站间行车电话禁止其他电话接入。

（3）调度所、车站和机车、动车组装备的列车调度通信设备应连接语音记录装置，对列车调度、站间行车的通话进行录音。

（4）动车组（机车）及自轮运转特种设备，应装备机车综合无线通信设备（CIR），应能实现列车调度语音通信、列车调度命令信息无线传送、车次号校核信息无线传送、列车防护报警等功能。

（5）司机、随车机械师（车辆乘务员）、列车长、乘警均应配备 GSM-R 手持终端和无线对讲设备。办理客运业务的车站，车站客运值班员应配备与司机通信联络用的无线对讲设备。

（6）移动语音通信、电路域及分组域数据传送等业务采用 GSM-R 数字移动通信系统实现。GSM-R 系统的场强覆盖、服务质量应符合铁路相关技术标准、规范的规定，并满足车载无线通信设备检修、维护的需要。

（7）在铁路运输生产中，凡设置使用无线电设备的单位，都必须遵守国家和铁路无线电管理的有关规定。

对铁路专用无线电频率，应采取必要的监测和保护措施。

（8）铁路自动电话网的本地网设置应与铁路局设置相适应。

（9）综合视频监控系统应按照视频核心节点、区域节点和接入节点设置，根据需要，为调度、设备维修、公安等业务部门配置视频显示终端，支持公安系统、客服系统对视频图像的实时调用。

视频图像采集设备根据监控需要设置。

（10）铁路应急通信由铁路总公司、铁路局应急通信中心设备和现场设备组成。应急通信应充分利用既有各种通信资源和手段，在处理突发事件时，提供事件现场与指挥中心的话音、数据、图像通信。

11. 支撑网

（1）在铁路总公司调度指挥中心、铁路局调度所、车站等节点根据需要设置时钟同步及时间同步系统设备，为铁路各专业系统及地面电子时间显示设备提供统一的时钟、时间同步基准信号源。

（2）在通信、信号机房，设置电源及机房环境监控系统，对温度、湿度、门禁、电源系统等状况进行统一监控。

（3）铁路通信网应设置网元管理和综合网管系统。根据需要设置光缆监测、漏缆监测、铁塔安全监测、无线电频率干扰监测、GSM-R网络接口监测等系统。

12. 信号、通信线路及其他

（1）干线光、电缆应敷设在铁路两侧的预制电缆槽或预埋管道内，地区及站场光、电缆宜敷设在预制电缆槽或预埋管道内。调度所、通信枢纽、车站、区间信号中继站、通信基站、牵引变电所等重要业务站点应采用不同物理路由的光缆引入。

（2）通信线路或设备损坏时，应按下列顺序抢通和恢复：

① 列车调度电话；

② 站间行车电话；

③ 列车调度指挥系统和调度集中系统的通道；

④ 牵引供电远动通道；

⑤ 信号安全数据网通道；

⑥ 旅客服务系统通道；

⑦ 客票系统通道；

⑧ 其他。

（3）各类通信机房、通信设备、铁塔、通信光电缆线路等设施均应接地，并充分利用综合接地系统。

（4）邻近线路的通信杆、塔应采取必要的防护措施，防止杆、塔倾倒侵入铁路限界。

13. 铁路信息系统

（1）铁路信息系统是铁路运输生产和经营管理的重要手段。信息系统建设应坚持统一领导、统一规划、统一标准、统一建设、统一管理的原则，做到资源集中、互联互通、信息共享、应用集成、业务协同、安全可靠。

新建和改建铁路建设项目应同期建设配套的信息系统，并同步交付使用。

铁路总公司及铁路局信息化管理部门负责信息化建设与管理，信息技术部门负责信息系统运行维护工作；站、段根据需要设置信息技术部门或专职人员负责信息系统运行维护工作。

（2）信息系统建设应符合铁路信息化规划，实行立项申请、方案评审、可研设计、工程实施、竣工验收等建设流程。承担铁路信息系统设计、研发和施工的单位应符合国家规定的相关资质条件。

信息系统投入使用前应按规定进行测试、评审。投入使用后的系统变更及应用软件修改应按规定程序进行审批、测试、验证，并建立档案，实行版本管理。

（3）信息系统设备按其用途和性质分为两类。

一类设备：用于铁路运输生产和经营管理并且要求不间断运行的系统设备，主要为服务器端设备、网络设备和要求不间断运行的客户端设备等。

一类设备应具有高可用性和高可靠性，采用冗余和备份配置，采用监控诊断、数据备份与恢复、安全防护等技术措施和设备，应提供 7×24 h 技术支持与维护服务，保证系统安全可靠运行。

二类设备：一类设备之外的其他设备。

二类设备应配备一定比例的备用设备，采用相应的安全防护技术措施和设备，应提供不低于 5×8 h 技术支持与维护服务，保证设备的正常使用。

信息系统设备功能、性能和容量应满足当前需要并考虑适量预留。

（4）铁路信息网络由铁路总公司、铁路局、站段三级局域网及其互联的广域网构成。铁路总公司、铁路局局域网分为安全生产网、内部服务网和外部服务网，站段局域网分为安全生产网、内部服务网。直接关系铁路运输生产的信息系统应部署在安全生产网，为铁路内部提供一般性服务的信息系统应部署在内部服务网，为社会提供公共服务的应用系统应部署在外部服务网。

安全生产网与内部服务网间实行逻辑隔离。安全生产网、内部服务网与外部服务网间实行安全隔离。禁止安全生产网和内部服务网直接与互联网连接，禁止外部服务网用户和设备直接访问安全生产网、内部服务网资源。

除国家有特殊要求的，不单独组建铁路业务专网。

（5）应保证信息系统数据的安全、真实、准确、完整、有效，建立数据保存、备份、查询和销毁制度。

应确定合理的数据保存周期。重要数据的备份应异地存放。有保密要求的数据必须采取保密措施。应保护业务活动中收集、使用和产生的公民个人电子信息。

（6）应加强铁路网络安全管理，建立网络安全保障体系，采用相应的安全技术措施和管理措施，对信息系统进行安全保护。网络安全防护措施应与信息系统同步规划、同步建设、同步使用。实行网络安全等级保护制度和网络安全监督检查制度。实施网络安全风险管理，加强集中管控和实时监测。定期进行安全检查和安全测评，严格对第三方服务的管理与控制。按国家有关规定和业务运营需要，设置灾难恢复系统。制定相应的应急预案，定期开展应急演练。

（7）信息系统机房建设应符合国家相关标准，按等级设计、建设和管理。机房温度、湿度、防尘、防火、防雷、防电磁干扰、防静电应达到有关标准。应采用机房专用空调。采取机房环境及电源监控手段，对机房的温度、湿度、空调、不间断电源（UPS）等状况进行统一监控，设置机房门禁系统。重要机房不间断电源（UPS）、空调设备应冗余配置，采用一级负荷供电，满足运用及检修需要。信息配线及设备间应按机房标准建设。

（8）信息系统运行维护工作包括运行调度、系统监控、网络维护、设备维护、软件维护、数据维护、技术支持和资产管理等，实行预防性维护、适应性维护，配备必要的检测设备及工器具，建立完整的技术文档和台账。

应建立运行维护体系，制定运行维护管理制度，实施专业化运维管理。软件纳入资产管理。

重要信息系统停机检修和系统切换应制定严密的实施方案，做好风险评估和应急预案，并履行报批手续。投入运行的信息系统设备不得兼做开发、测试环境。

任务 1.3　高速铁路车站及枢纽

1. 站场设备

（1）车站根据业务性质、运量大小及技术作业的需要，设置下列主要设备：

① 到发线；

② 折返线；

③ 救援列车停留线、自轮运转特种设备停留线等；

④ 与动车组运用所（简称动车所）、动车段相连接的车站，应设动车组走行线（当设有专用的机车走行线并具有相同进路时，可以合设）；

⑤ 动车组长期停放的车站应设动车组存车线；

⑥ 作业车辆停放线；

⑦ 通信、信号、联锁、闭塞设备；

⑧ 根据接发列车、调车作业的需要设置隔开设备等安全设施；

⑨ 机车乘务组、动车组司机及随车机械师、客运乘务组进行中途换乘作业的车站，应配备值班室、休息室和必要的配套设施。

（2）旅客列车始发终到站、客运枢纽站和上水站，应在到发线间设置列车上水设施和节水装置。

根据需要在始发终到站及客运枢纽站设置动车组、客车地面排污设施和移动卸污设备。地面排污设施应防止泄漏和污染，排污能力满足动车组、客车停留时间的要求。

2. 客运设备

（1）客运站房，应根据客运量设有便于购买车票、办理行李包裹、候车、问询、引导、广播、时钟、携带品寄存，以及为旅客服务的文化、卫生及生活上的必要设备。根据规定还应设置实名制验证和制证设备、安全检查设备、客运信息查询设备、视频监控设备、行李包裹到达查询设备、垃圾存放设备、消防设备等，根据需要设置电梯、自动扶梯、无障碍通道和相应的助残设施、污物处理、自动售检票和取票设备等。

办理客运业务的车站应设旅客站台，并应有照明、引导、广播、时钟和视频监控设备。车站应设置围墙或栅栏。

客运站站前应有广场，站台应有雨棚，跨越线路应采用天桥或地道。大型客运站根据需要设置用于行包、行邮、垃圾清运作业的通道。

设立旅客服务系统，支持铁路局集中、中心代管小站和车站独立运行等模式，配置相应旅服集成管理平台和车站应急处理平台，实现对车站广播、引导、时钟、查询、视频监控等客运业务的集中管理和控制。

（2）旅客站台应为高站台，应设置安全标线和停车位置标，两端应设置防护栅栏，防护栅栏不得侵限，并悬挂禁行标志。

无列车通过或列车通过速度不大于 80 km/h 时，站台边缘距线路中心线的距离为 1 750 mm，安全标线距站台边缘 1 000 mm。列车通过速度大于 80 km/h 时，站台边缘距线路中心线的距离为 1 800 mm，安全标线距站台边缘 1 500 mm，必要时在距站台边缘 1 200 mm 处设置安全防护设施，有 200 km/h 及以上列车通过的须设置屏蔽门、安全门等防护设施；列车通过最高速度不得超过 250 km/h。

应加强站台限界的日常管理，与站台限界有关的侧线线路几何尺寸偏差管理值应按正线管理。

任务 1.4 高速铁路动车组

1. 动车组设备

（1）为保证动车组良好的技术状态，应有进行检修和整备作业的动车段、动车所等维修机构。

（2）动车段、动车所应具备动车组运用检修、行车安全设备检修、客运整备能力及相应的存车条件；承担动车组三、四、五级修程的动车段还应具备动车组相应修程的检修能力。

动车段、动车所应设有动车组管理信息系统。

（3）动车所应设置存车线、检查库、轨道桥、立体作业平台、临修库、洗车线、备件存放库、轮对故障动态检测棚、空压机室等设施，配备对转向架、车下设备、车上以及车顶设备进行检查、维护、更换、检修和清洗等作业的相应设备，满足动车组一、二级检修需求。

（4）动车段可根据需要设置检修库线、材料运输线、试验线、牵出线、解编线等线路，整车检修库、转向架检修库、车体检修库、油漆库、调试整备库、电机电器间、制动空压机间、空调检修间、备件立体存储库等设施；并应配备整列架车机、移动式接触网、大部件起重运输设备、电务车载设备，以及各类部件解体、清洁、测试、检修、组装、调试等设备，满足动车组相应级别检修需求。

2. 动车组

（1）动车组应有识别的标记：路徽、配属局段简称、车型、车号、定员、自重、载重、全长、最高运行速度、制造厂名和日期、定期修理日期、修程和处所。动车组应有“电化区段严禁攀登”的标识。

动车组应具有列车运行安全监控功能，对重要的运行部件和功能系统进行实时监测、报警和记录，并能及时向动车段、动车所传输。

动车组须配备机车综合无线通信设备（CIR）、列控车载设备、车载自动过电分相装置等，满足相应速度等级运行需要。

（2）动车组列车制动初速度为 200 km/h 时，紧急制动距离限值为 2 000 m；制动初速度为 250 km/h 时，紧急制动距离限值为 3 200 m；制动初速度为 300 km/h 时，紧急制动距离限值为 3 800 m；制动初速度为 350 km/h 时，紧急制动距离限值为 6 500 m。

（3）动车组重联或长编组时，工作受电弓间距为 200～215 m。在特殊情况下，工作受电弓间距不满足 200～215 m 时，须校核分相布置与工作受电弓间距匹配情况，并通过上线运行试验确认。

（4）动车组实行以走行公里周期为主、时间周期为辅的计划预防修，检修方式以换件修为主，主要零部件采用专业化集中修。动车组修程分为一、二、三、四、五级，检修周期及技术标准按铁路总公司动车组检修规程执行。

（5）动车组日常运用的上水、保洁、排污等整备作业一般应在动车所完成。不在动车所停留的动车组，需进行上水、保洁、排污等整备作业时，其停留地点根据需要应具备相应的条件。

任务 1.5　供电、给水设备

1. 牵引供电

（1）为保持牵引供电设备良好的技术状态，保证牵引供电系统安全运行，应设供电段等供电维修机构。

供电维修机构管辖范围应根据线路及供电设备条件确定。

牵引供电设备包括变电设备（变电所、开闭所、分区所、自耦变压器所）、接触网和远动系统。

（2）牵引供电设备应保证不间断行车的可靠供电。牵引供电能力应与线路的运输能力相适应，满足规定的列车重量、列车密度和运行速度的要求。接触网标称电压值为 25 kV，最高工作电压为 27.5 kV，短时（5 min）最高工作电压为 29 kV，最低工作电压为 20 kV。

牵引变电所须具备双电源、双回路受电。牵引变压器采用固定备用方式并具备自动投切功能。当一个牵引变电所停电时，相邻的牵引变电所能越区供电。运行期间平均功率因数不低于 0.9。

（3）供电调度系统应具备对牵引供电、电力设备状况进行远程实时监控的条件，并纳入调度系统集中统一管理。

（4）接触网的分段、分相设置应考虑检修停电方便和缩小故障停电范围，并充分考虑电力牵引的列车、动车组正常运行和调车作业的需要。分相的位置应避免设在进出站和变坡点区段。双线电气化区段应具备反方向行车条件。

负荷开关和电动隔离开关应纳入远动控制。

枢纽及较大车站应设开闭所。

接触网不得引接非牵引负荷。

（5）牵引供电设备检修、试验和抢修应配备牵引供电安全检测监测系统，变电检测、试验设备，接触网检修、检测设备，接触网抢修车列，绝缘子冲洗设备等设备、设施。

（6）接触网一般采用链型悬挂方式，其最小张力见表 1–2。接触线一般采用铜合金材质。

表 1–2　接触网最小张力

列车运行速度（km/h）	综合张力（kN）	接触线张力（kN）
160＜v≤200	30	15
200＜v≤300	40～45	25
300＜v≤350	48～55	28.5

（7）接触线距钢轨顶面的高度不超过 6 500 mm；接触线悬挂点高度不宜小于 5 300 mm，接触线最低点高度不小于 5 150 mm，站场和区间接触网的高度应一致。

在电气化铁路竣工时，由施工单位在接触网支柱内缘或隧道边墙标出线路的轨面标准线，开通前供电、工务单位要共同复查确认，有砟轨道每年复测一次，复测结果与原轨面标准线误差不得大于±30 mm。特殊情况需调整轨面标准线时，由供电、工务部门共同确认，并经铁路局批准。

（8）接触网带电部分至固定接地物的距离，不小于 300 mm；至机车车辆或装载货物的距离，不小于 350 mm。跨越电气化铁路的各种建（构）筑物与带电部分最小距离，不小于 500 mm。当海拔超过 1 000 m 时，上述数值应按规定相应增加。大风、严寒地区应预留风力、覆冰对绝缘距离影响的安全余量。

在接触网支柱及距接触网带电部分 5 000 mm 范围内的金属结构物须接地。天桥及跨线桥跨越接触网的地方，应按规定设置安全栅网。

有大型养路机械作业的路基地段，接触网支柱内侧距线路中心距离不小于 3 100 mm。

（9）架空电线路跨越接触网时，应符合表 1–3 和表 1–4 的规定。

表 1–3　跨越接触网的架空电线路与接触网的垂直距离

跨越接触网的电力线路电压等级（kV）	电力线至接触网的垂直距离（mm）
35 以上至 110	≥ 3 000
220	≥ 4 000
330	≥ 5 000
500	≥ 6 000

表 1–4　跨越接触网的超高压架空电线路距轨面最小垂直距离

跨越接触网的电力线路电压等级（kV）	距轨面最小垂直距离（mm）
750	21 500
1 000	27 000（单回）
	25 000（双回）
直流±800	21 500

35 kV 及以下的电线路（包括通信线路、广播电视线路等）不得跨越接触网，应由地下穿过铁路。

接触网支柱不应附挂通信、有线电视等非供电线路设施，特殊情况需附挂时，应经铁路总公司批准。

（10）为保证人身安全，除专业人员执行有关规定外，其他人员（包括所携带的物件）与牵引供电设备带电部分的距离，不得小于 2 000 mm。

在设有接触网的线路上，严禁攀登车顶及在车辆装载的货物之上作业；如确需作业时，须在指定的线路上，将接触网停电接地并采取安全防护措施后，方准进行。

双线电气化铁路实行 V 形天窗作业时，为确保人身安全，应在设备、机具、照明、作业组织等方面采取相应措施。

（11）牵引、电力变配电所控制室，应采取防雷措施，设置机房专用空调。控制、保护及通信设备，应装有防止强电及雷电危害的浪涌保护器等保安设备，电子设备应符合电磁兼容有关规定。

2. 电力、给水

（1）电力设备包括变电所、配电所、10 kV 电力电缆贯通线路（250 km/h 及以上）、自闭贯通电线路（250 km/h 以下）、箱式变电站等。

电力设备应具备：贯通线路由两端变、配电所供电的互供条件，变、配电所跨所供电的条件，远程监控条件，电气试验设备，快速抢修能力。

电力变、配电所的控制保护测量设备，应纳入远动系统调度管理；箱式变电站应设置远动终端，纳入远动系统。

（2）铁路供电设备应满足下列要求：

① 一级负荷应有两个独立电源，保证不间断供电；二级负荷应有可靠的专用电源。

② 受电电压根据用电容量、可靠性和输电距离，可采用 110 kV、35（63）kV、10 kV 或 380 V/220 V。

③ 用户受电端供电电压允许偏差：

a）35 kV 及以上高压供电线路，电压正负偏差的绝对值之和不超过额定值的 10%；

b）10 kV 及以下三相供电线路，为额定值的±7%；

c）220 V 单相供电线路，为额定值的+7%～−10%。

在电力系统非正常情况下，用户受电端的电压值允许偏差为额定值的±10%。

（3）铁路电力线路的杆塔内缘至铁路线路中心的水平距离不小于杆高加 3 100 mm。

邻近铁路线路的路外电力线路杆塔内缘至铁路线路中心的最小水平距离应满足国家、行业相关标准规定，并采取防护措施防止杆塔倾倒后侵入铁路建筑限界。

（4）给水设备及建（构）筑物，应包括水源、输水、扬水、净水、消毒、配水、管网、水源卫生防护、水源安全保护、节水等设备。为保证供水质量，应按需要配备制水在线连续监控、水质检验和管网检漏等设备。

给水设备的能力及水源，在任何季节应保证列车密度最大时的车辆供水和车站及其他重要用水。客车上水设备应能满足在列车站停时间内、各列车同时上满水的需要。根据需要可设自动给水设备。

大型及以上车站、有动车段（所）的车站及始发终到旅客列车的车站宜设旅客列车给水站。

输水管路一般设置一条，管网布置一般为枝状。铁路枢纽、旅客列车给水站，扬水管路一般设置两条，配水管环状布设。

给水管道应尽量避免穿越铁路线路，必须穿越时，应设防护涵洞。

（5）旅客列车及生产生活用水，须进行净化消毒处理；固定动力锅炉用水应进行炉外或炉内软水处理。给水站须进行定期水质检测。水质须达到国家规定的标准。

项目2

高速铁路列车运行控制系统

知识点

中国列车运行控制系统

CTCS-2 级、CTCS-3 级列控系统

技能目标

了解中国列车运行控制系统

掌握 CTCS-2 级、CTCS-3 级列控系统的相关规定

任务 2.1 中国列车运行控制系统

中国列车运行控制系统（Chinese train control system，CTCS）有两个子系统，即车载子系统和地面子系统。CTCS 根据功能要求和设备配置划分应用等级，分为 0～4 级。

1. CTCS 系统概述

地面子系统由以下部分组成：应答器、轨道电路、无线通信网络、列车控制中心/无线闭塞中心。

应答器是一种能向车载子系统发送报文信息的传输设备，既可以传送固定信息，也可连接轨旁单元传送可变信息。

轨道电路具有轨道占用检查、沿轨道连续传送车地信息的功能。

无线通信网络是用于在车载子系统和列车控制中心间进行双向信息传输的车地通信系统。

列车控制中心是基于计算机的控制系统，它根据地面子系统或来自外部地面系统的信息，如轨道占用信息、联锁状态等，产生列车行车许可命令，并通过车地信息传输系统传输给车载子系统，保证列车控制中心管辖内列车的运行安全。

车载子系统由 CTCS 车载设备、无线系统车载模块组成。

CTCS 车载设备是基于计算机的控制系统，通过与地面子系统交换信息来控制列车运行。

无线系统车载模块用于在车载子系统和列车控制中心间进行双向信息交换。

2. 应用等级

CTCS 应用等级 0（简称 C0）：由通用机车信号+列车运行监控装置组成。

CTCS 应用等级 1（简称 C1）：由主体机车信号+安全型运行监控记录装置组成，点式信息作为连续信息的补充，可实现点连式超速防护功能。

CTCS 应用等级 2（简称 C2）：基于轨道传输信息并采用车–地一体化系统设计的列车运行控制等级，可实现行车指挥–联锁–列控一体化、区间–车站一体化、通信–信号一体化和机电一体化。

CTCS 应用等级 3（简称 C3）：基于无线网络传输信息并采用轨道电路等方式检查列车占用的列车运行控制等级。

CTCS 应用等级 4（简称 C4）：完全基于无线网络传输信息的列车运行控制等级。

同条线路上可以实现多种应用级别并行，C2、C3 和 C4 可分别向下兼容。

根据我国高速铁路发展实际情况和中国铁路列车运行控制系统技术规范要求，200～250 km/h 高速铁路和动车组列车装配 CTCS-2 级列控系统，250 km/h 以上高速铁路和动车组列车装配 CTCS-3 级列控系统，以实现高速列车按车载设备信号显示安全运行的技术要求。

任务 2.2 CTCS-2 级、CTCS-3 级列控系统

（1）CTCS-3 级列控系统基于 GSM-R 无线通信实现车地信息双向传输，无线闭塞中心生成行车许可，轨道电路实现列车占用检查，应答器实现列车定位，并具备 CTCS-2 级功能。

CTCS-2 级列控系统基于轨道电路和点式应答器传输行车许可信息，采用目标距离连续速度控制模式监控列车运行。

运行速度 250 km/h 及以下时，完全监控模式下 CTCS-2/CTCS-3 级列控车载设备应按高于线路允许速度 2 km/h 报警、5 km/h 常用制动、10 km/h 紧急制动设置模式曲线。运行速度 250 km/h 以上时，完全监控模式下 CTCS-3 级列控车载设备（含 CTCS-2 级后备功能）应按高于线路允许速度 2 km/h 报警、5 km/h 常用制动、15 km/h 紧急制动设置模式曲线。

（2）列车运行控制系统装备等级根据线路允许速度选用。250 km/h 以下铁路采用 CTCS-2 级列控系统，250 km/h 铁路宜采用 CTCS-3 级列控系统，300 km/h 及以上铁路采用 CTCS-3 级列控系统。

（3）CTCS-3 级列控系统由列控车载设备和地面设备组成。

列控车载设备主要由车载安全计算机、轨道电路信息读取器、应答器信息接收单元、列车接口单元、记录单元、人机界面、GSM-R 无线通信单元等部件组成。

列控地面设备由列控中心、临时限速服务器、ZPW-2000 系列轨道电路、应答器、无线闭塞中心（RBC）、GSM-R 接口设备等组成。

（4）CTCS-2/CTCS-3 级区段临时限速服务器集中管理列控限速调度命令，具备列控限速调度命令的存储、校验、撤销、拆分、设置、取消的管理功能，具备列控限速设置时机的辅助提示功能。

（5）CTCS-3 级区段应答器提供线路数据、临时限速、过分相、定位、级间转换、公里标、车站名、无线闭塞中心切换等信息。应答器组设置、报文定义及组间距离等应满足列控车载设备控车要求。

（6）CTCS-3 级列控车载设备按 CTCS-3 级控车时的模式有完全监控、引导、目视行车、调车、休眠、隔离和待机等模式；CTCS-3 级列控车载设备按 CTCS-2 级控车时的模式有完全监控、部分监控、引导、目视行车、调车、休眠、隔离、待机和机车信号等模式。

（7）CTCS-3 级列控车载设备的七种模式：

① 完全监控模式是列车的正常运行模式。列控车载设备根据控车数据自动生成目标距离

模式曲线，司机依据人机界面显示的列车运行速度、允许速度、目标速度和目标距离等信息控制列车运行。

② 引导模式是在进站或出站建立引导进路后，列控车载设备按照最高限速 40 km/h 控车的模式。

③ 目视行车模式是司机控车的固定限速模式，限速值为 40 km/h。列控车载设备显示停车信号或位置不确定时，在停车状态下司机按规定操作转入目视行车模式。

④ 调车模式是动车组进行调车作业的固定限速模式，限速值为 40 km/h。司机按压专用按钮使列控车载设备转入调车模式。只有在列车停车时，司机才可以选择进入或退出调车模式。CTCS-3 级控车时，只能在车站内转入调车模式。

⑤ 休眠模式是非本务端车载设备不监控列车运行，但仍执行列车定位、记录等级转换等功能的模式。

⑥ 隔离模式是列控车载设备控制功能停用的模式。列车停车后，根据规定，司机操作隔离装置使列控车载设备转入隔离模式。

⑦ 待机模式是列控车载设备上电后的默认模式。列控车载设备自检和外部设备测试后，自动处于待机模式。在待机模式下，列控车载设备正常接收轨道电路及应答器信息。

（8）CTCS-3 级列控车载设备按 CTCS-3 级控车时七种模式之间的转换见表 2–1。

表 2–1　CTCS-3 级列控车载设备按 CTCS-3 级控车时七种模式之间的转换

当前模式 \ 转换模式	待机模式	完全监控模式	引导模式	目视行车模式	调车模式	休眠模式	隔离模式
待机模式	—	—	人工/停车	人工/停车	人工/停车	人工/停车	人工/停车
完全监控模式	人工/停车	—	人工	人工/停车	人工/停车	—	人工/停车
引导模式	人工/停车	自动	—	人工/停车	人工/停车	—	人工/停车
目视行车模式	人工/停车	自动	人工	—	人工/停车	—	人工/停车
调车模式	人工/停车	—	—	—	—	—	人工/停车
休眠模式	人工/停车	—	—	—	—	—	人工/停车
隔离模式	人工/停车	—	—	—	—	—	—

（9）CTCS-3 级列控车载设备按 CTCS-2 级控车时的部分监控模式，是列控车载设备接收到轨道电路允许行车信息，而缺少应答器提供的线路数据或限速数据时使用的模式。在部分监控模式下，限速值为 45 km/h。

（10）机车信号模式是装备 CTCS-3 级列控车载设备的动车组在 CTCS-0/1 级区段运行时使用的模式。经司机操作后，列控车载设备转为最高限速 80 km/h 控车模式。在机车信号模式下，按地面信号显示运行。

（11）CTCS-3 级列控车载设备按 CTCS-2 级控车时九种模式之间的转换见表 2–2。

表 2–2　CTCS-3 级列控车载设备按 CTCS-2 级控车时九种模式之间的转换

当前模式 \ 转换模式	待机模式	部分监控模式	完全监控模式	引导模式	目视行车模式	调车模式	休眠模式	隔离模式	机车信号模式
待机模式	—	人工/停车	—	—	人工/停车	人工/停车	人工/停车	人工/停车	人工/停车
部分监控模式	人工/停车	—	自动	自动	人工/停车	人工/停车	—	人工/停车	人工/停车
完全监控模式	人工/停车	自动	—	人工	人工/停车	人工/停车	—	人工/停车	人工/停车
引导模式	人工/停车	自动	自动	—	人工/停车	人工/停车	—	人工/停车	人工/停车
目视行车模式	人工/停车	自动	自动	自动	—	人工/停车	—	人工/停车	人工/停车
调车模式	人工/停车	—	—	—	—	—	—	人工/停车	—
休眠模式	人工/停车	—	—	—	—	—	—	人工/停车	—
隔离模式	人工/停车	—	—	—	—	—	—	—	—
机车信号模式	人工/停车	—	—	—	—	—	—	人工/停车	—

（12）CTCS-3 级列控车载设备，在完全监控模式下根据列控地面设备提供的信息，结合动车组运行速度，向动车组提供自动过电分相信息。

（13）CTCS-2 级列控系统由列控车载设备和地面设备组成。

列控车载设备主要由车载安全计算机、轨道电路信息读取器、应答器信息接收单元、列车接口单元、记录单元、人机界面等部件组成。

列控地面设备由列控中心、临时限速服务器、ZPW-2000 系列轨道电路、应答器等设备组成。

（14）CTCS-2 级区段应答器提供线路数据、临时限速、级间转换等信息。应答器组设置、报文定义及组间距离等应满足列控车载设备控车要求。

（15）装备 CTCS-2 级列控车载设备的动车组应装设 LKJ 设备。

（16）CTCS-2 级列控车载设备的控车模式有完全监控、部分监控、引导、目视行车、调车、隔离和待机等模式。

① 完全监控模式是列车的正常运行模式。列控车载设备根据控车数据自动生成目标距离模式曲线，司机依据人机界面显示的列车运行速度、允许速度、目标速度和目标距离等信息控制列车运行。

② 部分监控模式是列控车载设备接收到轨道电路允许行车信息，而缺少应答器提供的线

路数据或限速数据时使用的模式。在部分监控模式下，限速值为 45 km/h。

③ 引导模式是在进站或出站建立引导进路后，列控车载设备按照最高限速 40 km/h 控车的模式。

④ 目视行车模式是司机控车的固定限速模式，限速值为 40 km/h。列控车载设备显示停车信号停车后，司机按规定操作转入目视行车模式。

⑤ 调车模式是动车组进行调车作业的固定限速模式，限速值为 40 km/h。司机按压专用按钮使列控车载设备转入调车模式。只有在列车停车时，司机才可以选择进入或退出调车模式。

⑥ 隔离模式是列控车载设备控制功能停用的模式。列车停车后，根据规定，司机操作隔离装置使列控车载设备转入隔离模式。

⑦ 待机模式是列控车载设备上电后的默认模式。列控车载设备自检后，自动处于待机模式。在待机模式下，列控车载设备正常接收轨道电路及应答器信息。

（17）CTCS-2 级列控车载设备七种模式之间的转换见表 2–3。

表 2–3 CTCS-2 级列控车载设备七种模式之间的转换

转换模式 当前模式	待机模式	部分监控模式	完全监控模式	引导模式	目视行车模式	调车模式	隔离模式
待机模式	—	人工/停车	—	—	人工/停车	人工/停车	人工/停车
部分监控模式	人工/停车	—	自动	自动	人工/停车	人工/停车	人工/停车
完全监控模式	人工/停车	自动	—	人工	人工/停车	人工/停车	人工/停车
引导模式	人工/停车	自动	自动	—	人工/停车	人工/停车	人工/停车
目视行车模式	人工/停车	自动	自动	自动	—	人工/停车	人工/停车
调车模式	人工/停车	—	—	—	—	—	人工/停车
隔离模式	人工/停车	—	—	—	—	—	—

（18）信号安全数据网应采用专用光纤、不同物理径路冗余配置，确保列控中心（TCC）、计算机联锁（CBI）、临时限速服务器（TSRS）和无线闭塞中心（RBC）等信号系统安全信息可靠传输。

项目3
高速铁路列车开行

知 识 点

高速铁路运输组织模式

高速铁路列车开行方案

高速铁路列车运行图

高速铁路通过能力

高速铁路动车组运用计划与列车乘务制度

技能目标

了解高速铁路运输组织模式

熟悉高速铁路列车开行方案

掌握高速铁路列车运行图的相关知识

熟悉高速铁路通过能力

掌握高速铁路动车组运用计划与列车乘务制度

任务 3.1 高速铁路运输组织模式

目前，我国已建成并投入运营的高速铁路里程数堪称世界第一。这些高速线路，按速度等级和运输组织模式不同，可划分为 4 种类型：一是 300 km/h 及以上客运专线，不同速度的高速动车组列车共线运行；二是 200～250 km/h 客运专线，高速动车组列车与普速旅客列车共线运行；三是 200～250 km/h 客货共线（混跑），高速动车组列车、普速旅客列车与货物列车共线运行；四是城际动车组专线，大部分城际高速线路仅运行速度相同的城际动车组列车。

由此可见，我国新建不同速度等级的高速铁路，运输组织模式虽然有所不同，但是前 3 种都属于“不同速度列车共线运行”模式。这 4 种运输组织模式各有特点，现分别介绍如下。

1. 300 km/h 及以上客运专线

300 km/h 及以上客运专线采用 300 km/h“G”字头与 200～250 km/h“D”字头动车组列车共线运行模式。如京沪、京广高速铁路，既开行“G”字头列车，也开行“D”字头列车。

“G”字头与“D”字头列车共线运行，既保留了较高的列车运行速度和较小的列车追踪间隔时间，基本上不会发生列车越行；又可充分利用区段通过能力，增加高速铁路列车直达率，跨线客流无须换乘，从而缩短了旅行时间。例如，为增加高速列车直达率，避免旅客换乘，缩短旅行时间，在京广线上运行的部分“G”字头列车，运行至衡阳时，下线到 160～200 km/h 的线路上运行至桂林，再以 250 km/h 的速度运行至南宁等城市。

2. 200～250 km/h 客运专线

200～250 km/h 客运专线采用“D”字头列车与普速旅客列车共线运行的模式。

3. 200～250 km/h 客货共线

例如石太线，为减轻既有石太旧线运煤通道能力紧张的压力，在保证“D”字头列车和“Z”“T”“K”字头旅客列车开行对数的情况下，开行“X”字头和“五定”快运货物班列。再如温福、福厦线，为了缩短浙、闽、粤三省沿海城市客货运输时间，在保证动车组开行 90 对的情况下，还开行普速客货列车 10 对。

200～250 km/h 客运专线和 200～250 km/h 客货共线的主要优点是：能提高线路通过能力，减轻既有线运能压力。其主要缺点是速差较大，列车越行较多，行车组织工作难度大，能力扣除系数大。

4. 城际动车组专线

例如京津、沪杭城际铁路，只运行 300 km/h 动车组列车；广深、广珠城际铁路仅运行

250 km/h 动车组列车；沪宁城际铁路，本线运行 300 km/h 动车组列车 95 对，跨线运行 250 km/h 动车组列车 25 对。

目前对各种运输组织模式存在不同的看法和评价，300 km/h 及以上高等级客运专线（含城际铁路）只开行动车组的模式，获得了业界的一致赞同；对于 200～250 km/h 低等级客运专线是否开行普速客运、货物列车的看法不一，存在争议。

普速客运、货物列车在高速线上运行，对动车组列车有“速差”“时差”影响，使行车组织更复杂，调度指挥更困难，如不加运行条件限制，还有可能损伤高铁设备，危及行车安全。同时我国新建 200～250 km/h 低等级客运专线较多，通过能力富余较大。一些客运专线只开行动车组列车，能力剩余更多。应该根据缩短运输距离（时间）、减轻既有线运能压力等方面的需要，尽可能增开符合高速铁路线路运行条件的普速旅客列车和快运列车（包括从既有线转入的列车），努力提高客运专线通过能力利用率，充分发挥高速铁路投资效果。

一般认为，在 200～250 km/h 低等级客运专线，开行动车组以外的列车时，应符合以下条件。

（1）牵引列车的电力机车须配备列车运行监控记录装置（LKJ）、机车综合无线通信设备、连续式机车信号装置、自动过分相装置，根据需要装设弓网检测装置等。

（2）旅客列车应根据站台长度确定编成辆数（计长），始发站禁止编挂“关门车”，应装有轴温报警装置，采用集便装置。客车应装有盘形制动装置和防滑器，空气制动用风应与其他装置用风分离。旅客列车运行速度不应低于 120 km/h，160 km/h 及以上的客车应采用密接式车钩和电空制动机。旅客列车应安装列尾装置。司机、车辆乘务员、列车长、乘警应配备铁路数字移动通信系统 GSM-R 手持终端和无线对讲设备。

（3）货物列车应根据高铁到发线有效长确定计长，一般不应开行超长、超限、超重等有运行条件限制的货物列车。货物列车运行速度不应低于 120 km/h，快运货物列车运行速度不应低于 160 km/h。在动车组列车运行时间段，禁止开行货物列车，只能利用夜间综合天窗前后开行。车辆的制动梁、下拉杆、交叉杆、横向控制杆及抗侧滚杠杆须有保障装置，并配置车号识别设备。货物列车进入高速铁路前，必须认真进行列检、货检以确保列车运行安全。司机（副司机）应配备 GSM-R 手持终端和无线对讲设备。

任务 3.2　高速铁路列车开行方案

高速铁路旅客列车开行方案的内容包括：列车车次（等级）、起讫点站名、开行对（列）数、途中停站站名、编组辆数（定员）和车底运用等。它是编制列车运行图和动车组运用计划，开展调度指挥工作的基础，是高速铁路旅客运输和行车组织的核心。

列车开行方案要符合旅客出行规律，最大限度地方便旅客，尽可能减少旅客换乘次数，缩短旅行时间，提高服务质量，吸引更多客流，提高列车上座率；充分利用通过能力，合理确定各种列车开行的对（列）数和编组辆数（定员数），合理使用动车组，提高铁路经济效益和社会效益。编制高速铁路旅客列车开行方案的步骤主要包括：客流调查与预测，确定列车始发与终到站，确定旅客列车开行对（列）数，编制列车停站方案等。

1. 客流调查与预测

客流调查与预测是在高速铁路吸引范围内，详细调查公务、商务、旅游、探亲等旅客出行的要求，以及学生流、务工流的流向和流量，采用历年统计资料和问卷调查等手段，预测未来年度高速铁路客流总量，以及平常、节假日客流变化规律和各次列车上座率情况，为编制高速铁路旅客列车开行方案，提供比较准确的客流资料。

客流调查与预测非常重要，应由专门的机构和人员负责。国外铁路有人主张委托路外调查公司负责，认为他们调查与预测的结果比较客观、真实，精确度较高。我国高速铁路发展迅速，投入运营初期，既无高速铁路客流实际统计资料可查，又缺乏高速铁路客流预测的经验，对高速铁路客流的特点、构成和变化规律认识不足，很多时候不重视、不进行客流调查，致使预测的客流总量偏高，一些高速铁路线路日常开行列车数量偏多，一些高速铁路列车日常上座率太低，这既浪费了通过能力，又增加了运营支出。

随着国民收入水平逐年提高，带薪休年假等制度的推行，旅游、探亲客流将逐年增加。随着城镇化进程的加快，务工流将逐年减少；“一带一路”倡议大力推进，国外旅游、商务客流将会逐年增加，新冠肺炎疫情等突发状况也会对客流产生影响。这些情况的变化，究竟对高速铁路客流有多大影响，需要在认真调查、分析高速铁路客流特点后，才能得出比较准确的结论。

旅客出行选择交通方式时，主要考虑安全、快捷、舒适、票价。公务、商务旅客出差费用可以报销，无须考虑票价，中短途旅客多数选择高速铁路，少数选择民航。长途旅游、探亲的客流中：收入较高的旅客多数选择高速铁路或民航，少数选择普速铁路；收入较低的旅客多数选择普速铁路，少数选择高速铁路。短途旅游、探亲的旅客中，有私家车的旅客，因节假日高速公路免收通行费，多数以自驾车方式出行，少数乘高速铁路列车；收入低的旅客，多数乘坐公路客运汽车或普速铁路列车，少数乘高速铁路列车。进城务工人员和低收入旅客因高速铁路票价较高，只有在春节等期间因买不到普速铁路车票才乘坐高速铁路列车；少部分家庭富裕的学生，不愿意乘坐普速铁路硬座而购买高速铁路软座通行。

目前，我国不同地区的经济发展水平不均衡，人均收入存在较大差距，对高速铁路票价承受能力各不相同。北、上、广、深、杭、宁等地区，人均收入水平较高，高速铁路客流较多，高速铁路线路和开行动车组列车较多，上座率也较高；西北、西南、东北地区，人均收入水平偏低，高速铁路客流和高速铁路线路相对较少，开行动车组列车较少，上座率也较低。此外，由于我国高速铁路已建设成网，高速铁路吸引的客流范围也在发生变化。例如，在徐兰高速铁路宝鸡至兰州段未建成前，郑西高速铁路西安北站始发与终到的客流，大部分为西安市和陕西省内其他地市的客流。宝鸡至兰州段建成并投入运营后，增加了甘肃、青海、新疆、西藏等省、自治区的中转客流。这些不断变化的情况，在客流调查与预测过程中，都要认真研究，深入分析，力求准确预测。此外，互联网大数据也可作为客流调查与预测的参考。

2. 确定列车始发与终到站

编制高速旅客列车开行方案，确定列车始发与终到站（起讫点）时，应考虑以下条件。

1）应具备动车组维修与养护条件

动车组列车起讫点应具备必要的列车检修条件，保证动车组的日常维修与养护检查，确保动车组运行安全，同时要减少动车组进出检修基地的走行时间，提高动车组运用效率。目前，我国高速铁路每日固定开行的动车组列车的起讫点绝大多数都有动车段（所），个别起讫点暂不具备检修条件，可按交路折返回到检修基地进行检修。例如，广珠城际高速铁路，广州南—新会每日开行 25.5 对动车组列车，新会不具备检修条件，动车组列车按检修周期返回广州南进行检修。周末和节日才开行的短途动车组列车，一般都立即折返到始发站检修。

2）应选择客流量大、设施完善的大型客运站

大型客运站所在地多为直辖市、省会、计划单列市。如京沪线上的北京、天津、济南、南京、上海，京广线上的石家庄、郑州、武汉、长沙、广州，杭深线上的杭州、宁波、福州、厦门、深圳，这些特大、大城市经济发达，人口众多，人均收入水平较高，乘坐高速铁路出行的客流量大。大型客运站站场设备、旅客服务设施和动车组维护设备齐全，符合长途直达动车组列车始发、终到条件。

3）始发客流量（上座率）应满足列车开行条件

“按流开车”是确定列车开行的基本原则。划定起讫点客流量时，不仅要考虑起讫点本身的直达客流，而且要考虑归并后的客流。例如，西安北开往深圳北的直达客流量，如只考虑西安地区的客流，由于量少就不需要开行直达深圳的列车，只需开行西安北至广州南的列车。

如把陕西省各地市的客流归并进来，使直达客流高度集中后，其客流量就能满足开行西安北—深圳北长途直达列车的条件。这样既能减少换乘时间，方便旅客出行，又能充分利用起讫点的客运能力，提高经济效益和社会效益。

4）应符合最优径路条件

高速铁路网上，起讫站间可能有若干条径路，应选择输送能力大、运输距离或旅行时间短、中转换乘次数少、运输费用低的最优径路，方便旅客快捷出行，吸引更多客流，提高上座率，获得更好的经济效益与社会效益。例如西安至北京的动车组列车有两条径路：一条经郑州东，另一条经太原南，经技术经济分析比较，选定经郑州东。

5）应结合既有线列车起讫点

我国高速铁路列车起讫点，可以选择一部分既有线列车的起讫站。如京津城际的天津站，沪宁城际的南京站，京广线的北京西站，京沪线的上海站，广深线的广州站、广州东站等。这些车站具有完善的客运设施可供利用，并与城市公共交通衔接紧密，选择既有线列车的起讫站作为高速铁路列车的起讫点既方便了旅客出行，又能防止新建高速铁路车站投资过大的问题。

6）起讫点间旅行时间应不超过 8 h

调查显示，旅客乘坐无卧铺动车组列车超过 4 h，会感觉不舒服；超过 6 h，会感觉很困乏，公务、商务旅客往往选择乘坐民航飞机出行；超过 8 h，会感觉难以承受，旅游、探亲的旅客会选择飞机、普速铁路卧铺出行。旅行时间超过 8 h 的长途动车组列车，如乌鲁木齐至北京、上海、广州，哈尔滨至广州（深圳）、福州（厦门），不但旅行时间超过 8 h，往返走行里程也超过动车组一级检修里程［(4 000±400）km］，还须解决跨局进行动车组检修的难题。

3. 确定旅客列车开行对（列）数

确定旅客列车开行对（列）数是编制列车开行方案的重要环节。确定旅客列车开行对（列）数在满足旅客出行需求，有效利用铁路运力，降低运输成本，保证客运服务质量，提高经济效益与社会效益等方面，都具有重要的作用。

旅客列车开行对数是在确定客流总量和列车起讫点以后，根据列车运行区段客流密度、列车定员、平均上座率和客流波动等因素，经过计算确定的。根据按流开车的原则，首先确定大流量客流需要开行的列车对数，然后将零星客流和剩余客流合并，再计算这部分客流需要开行的列车对数。

列车起讫点不同，客流密度不同，各类动车组编组辆数，客座定员亦有所不同，要根据具体情况分别计算。我国动车组有 8 辆和 16 辆编组两种。其中 8 辆编组的动车组，一般单独开行，根据需要也可以重联开行。各起讫点间开行的列车数量，要在分析客流密度，计算“大流”，合并“小流”，考虑客流波动后再按编组辆数、客座定员数、平均上座率等因素计算，最终才能将客流转化为列车流。

我国客流波动性在日常（周一至周四）、周末（周五至周日）和节假日表现明显，尤其是春节期间，学生流、务工流、探亲流严重叠加。为了满足旅客出行要求，节假日开行列车数比日常更多。高速铁路旅客列车开行对数，一般按节假日高峰期最大客流量确定，并据此编制基本运行图。平常客流量较小时，采取抽减相应列车运行线的方式，从而减少列车开行对数。

4. 编制列车停站方案

编制列车停站方案时要考虑的因素较多，不同的停站次数，对旅客出行需求和铁路效益会有不同的影响。减少停站次数，能缩短旅行时间，加速动车组周转，对长途旅客和铁路部门都有好处。增加停站次数，对满足中短途旅客出行需求、提高列车上座率有利，但会降低列车旅行速度，延长长途客流的旅行时间和动车组周转时间，使“高速”失效，对长途旅客和铁路部门不利，因此编制列车停站方案，既要保证旅客出行需求，又要兼顾铁路经济效益。尽可能做到旅客、地方政府、铁路部门都比较满意。

目前，我国高速铁路动车组列车停站方案有以下几种。

1）一站直达，中途不停

这种模式适用于客流集中在列车起讫点，旅行时间不超过司机乘务时间的区段。例如，沪宁城际高速铁路，运营旅程 301 km，2010 年 6 月，开通后首次公布的列车开行方案，本线开行速度为 300 km/h“G”字头列车 95 对，其中南京—上海虹桥 48 对，南京—上海 22 对，属于一站直达。

2）长途直达，省会城市停车

京沪、京广线直达客流量虽然很大，但运营里程较长，旅行时间超过司机一次乘务时间，中途需要更换司机。例如，北京南—上海虹桥的长途直达列车，有 2 对只在南京停车，有 6 对在省会城市济南、南京停车。北京西—广州南的长途直达列车最少要在武汉停车，一般安排在郑州、武汉、长沙 3 个省会城市停车。

3）省际直达，地市级城市交错停车

目前，我国省会城市基本上都已进入高速铁路网络，大量省际直达列车开行。如南宁—广州的高速铁路列车，在贵港、梧州、肇庆、佛山等地停车或交错停车；西安北—郑州的高速铁路列车，在渭南、三门峡、洛阳等地停车或交错停车。

4）中、短途区段列车，县级城市停车或交错停车

例如京广线，可在北京—石家庄—郑州、郑州—武汉—长沙间开行为县级城市服务的中、短途高铁区段列车，满足更多旅客乘坐高铁列车出行的需求，这对培育市场、提高效益都大有好处。也应注意，此类列车数量不宜太多，以防止“高速”失效。编制高速铁路旅客列车开行方案时，还需根据大型会议、重要赛事和旅游旺季等客流变化情况，及时增开各种动车组列车，满足旅客出行的需要。

任务 3.3　高速铁路列车运行图

1. 列车运行图的定义

列车运行图是铁路组织运输生产和产品供应销售的综合计划，是铁路运输生产联结社会生活的纽带。

列车运行图规定各车次列车占用区间的顺序，列车在每个车站的到达、出发（或通过）时刻，列车在区间的运行时间，列车在车站的停站时间，以及机车交路、列车重量和长度等。其是列车运行时刻表的图解，规定各次列车按一定的时刻在区间内运行及在车站到达、出发和通过。

列车运行图是运用坐标原理描述列车运行的时间、空间关系，表示列车在铁路各区间运行时间及在各车站停车和通过时间的线条图。其横坐标表示时间，纵坐标表示各分界点（车站），如甲、乙、丙、丁。斜线表示列车，斜线上的数字表示车次。列车运行图按时间坐标，根据不同用途，可分为二分格运行图（垂直线每格表示 2 分钟）、十分格运行图、小时格运行图。按列车运行图的特点可分为平行运行图和非平行运行图，以及单线运行图、双线运行图、单双线运行图，成对运行图和不成对运行图，连发运行图和追踪运行图。

列车运行图是根据国民经济发展的需要和铁路运输能力的情况而编制的。它体现着铁路工作的各种质量指标和数量指标。在编制运行图时要充分考虑人民铁路为人民的方针，如安排列车运行线时，首先考虑旅客列车，并尽量安排开往大城市的客车在白天到达，在上午发车。与此同时，安排好货运列车的运行线。

列车运行图规定了列车占用区间的次序，列车在每一个车站到达、出发或通过的时间，在区间的运行时分，在车站的停车时分及列车的重量和长度等。这样一来，列车运行图也就规定了铁路线路、站场、机车、车辆和通信信号等设备的运用和与行车有关各部门的工作。列车运行图是铁路运输工作的综合计划，是铁路行车组织的基础，是协调铁路各部门、各单位按一定程序进行生产活动的工具。

2. 列车运行图的作用与类型

1）作用

在组织旅客位移的生产过程中，列车运行是一个很复杂的环节，它要利用多种铁路技术设备，要求各部门、各工种、各项作业之间互相协调配合，才能保证行车安全和提高运输效率。

（1）列车运行图是铁路组织运输生产和产品供应销售的综合计划。

（2）列车运行图是生产计划，规定了线路、站场、动车组等设备的运用，使得运输生产活动有条不紊地进行。

（3）列车运行图是产品供应计划，规定了列车开行方案，即出发的各种列车的等级、服务标准等。

（4）列车运行图是铁路运输生产连接社会生活的纽带。

（5）铁路旅客列车时刻表是铁路运输产品的目录。

2）列车运行图类型

（1）基本运行图。

（2）节假日运行图，主要包括春运、暑运、小长假、周末运行图等。

（3）满足旅游旺季、特殊社会活动等特别需求的分号运行图。

3. 列车运行图编制管理模式与编制流程

1）列车运行图编制管理模式

（1）目前，我国铁路采用两级编图管理模式，即国铁集团负责确定列车运行图的编制原则、方针及任务，制定直通客车方案图，并具体领导、组织列车运行图的编制工作；铁路局负责拟定具体行动计划，并按时完成本局的编图工作。

（2）客运专线建成后，今后相当长的时期内，我国将采用既有线与客运专线跨线运输的组织模式，客运专线是整个路网的组成部分，与既有线紧密联系，其列车运行图编制管理不宜独立进行，应在整个路网中结合既有线进行统一编制和管理。

2）列车运行图编制流程

（1）在编图前，提出运行方案的建议。

（2）国铁集团统一研究、确定列车开行方案（对数和运行径路）。

（3）编制全路直通列车运行图（含高速铁路列车跨线运行图）。

（4）编制高速铁路列车本线运行图（含各种季节运行图）。

（5）编制备用列车运行线。

（6）编制相关技术设备运用的技术作业图表。

（7）公布列车时刻表。

（8）绘制列车运行图。

（9）计算列车运行图指标。

（10）日常分析评价。

4. 高速铁路列车运行图编制原则

（1）高速铁路（客运专线）列车运行图的编制工作是全路列车运行图编制工作的一部分，由国铁集团统一组织编制。

（2）严格遵守各种间隔时间标准和规章制度。

（3）适应客运专线客流特点，最大限度满足旅客出行的需要，尽可能按时段、服务频率安排列车运行线。

（4）协调好客运专线与既有线的衔接，并尽可能提高客运专线及既有线的通过能力。

（5）协调好跨线列车运行线与本线列车运行线的关系，尽量减少客运专线各种列车的相互影响。

（6）尽可能提高动车组的运用效率。

（7）合理安排列车停站，以提高列车旅行速度。

（8）兼顾均衡铺画的原则，充分利用线路和车站的通过能力，减少各种列车间的越行与避让，同时使运行图保持合理的弹性。

（9）使高速列车运行与高速客运站的技术作业过程相协调。

（10）处理好列车密度、列车种类、到发时刻、动车组运用和综合维修天窗设置等几方面的关系。

（11）努力实现运行图编制的自动化和智能化。

5. 列车运行图的绘制

1）列车运行图基本坐标

列车运行图相关元素的含义如下。

横坐标：时间变量，按要求用一定的比例进行时间划分。

纵坐标：车站距离变量，按区间实际里程比率或按区间运行时分比率来确定。

水平线：一簇平行的不等分线，表示各个车站中心线所在的位置。

垂直线：一簇平行的等分线，表示时间等分段。

斜线：列车运行轨迹（径路）线，一般上斜线表示上行列车，下斜线表示下行列车。每个列车有不同的车号与车次。

标注：表示时刻的数字或符号，都填写在列车运行线与横线相交的钝角处。

2）不同种类列车的表示方法

（1）旅客列车（包括行邮专列）：红单线（见图3–1）。

图3–1 红单线

（2）快运货物、直达列车：蓝单线（见图3–2）。

图3–2 蓝单线

（3）直通、区段、小运转列车：黑单线（见图 3–3）。

图 3–3　黑单线

（4）摘挂列车：黑单线加黑“+”“｜”（见图 3–4）。

图 3–4　黑单线加黑“+”“｜”

3）列车时刻的表示记号

如图 3–5 所示，列车运行线与车站的交点表示该列车到达、出发或通过的时刻，表示时刻的数字或符号，都填写在列车运行线与横线相交的钝角处。

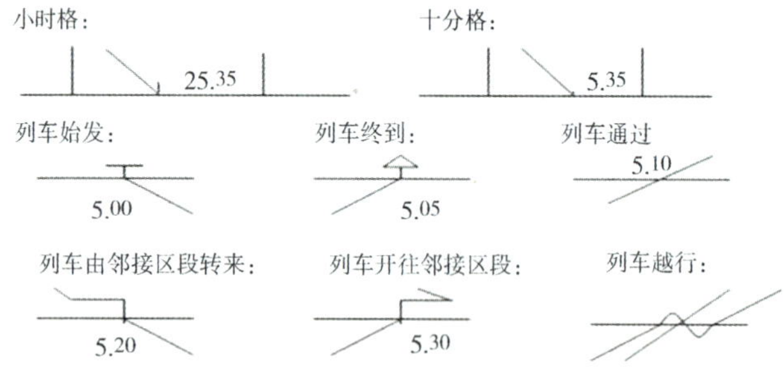

图 3–5　列车时刻的表示记号

列车运行图与时刻表的对应关系如图 3–6 所示。

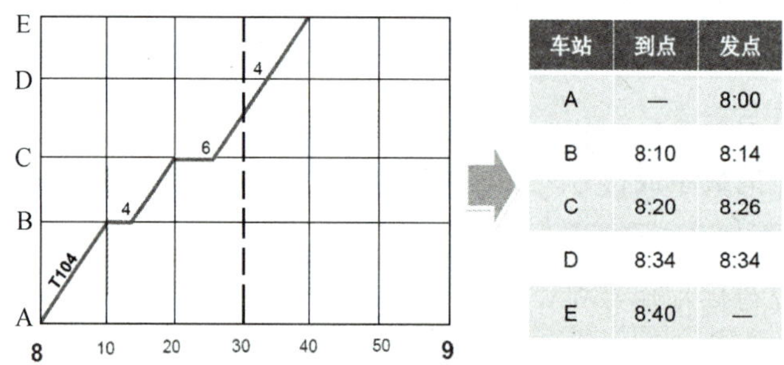

车站	到点	发点
A	—	8:00
B	8:10	8:14
C	8:20	8:26
D	8:34	8:34
E	8:40	—

图 3–6　列车运行图与时刻表的对应关系

4）列车运行图的格式

（1）二分格运行图。

二分格运行图主要在编制新运行图时做草图使用。

（2）小时格运行图。

小时格运行图主要在编制旅客列车方案图和机车周转图时使用。

（3）十分格运行图。

十分格运行图主要用于调度员绘制实际运行图。在这种运行图上，横轴以 10 分钟为单位用细线划分，半小时用断线、整小时用粗线。列车到发时刻只填写 10 分钟以下的数字。

6. 三种高速铁路列车运行图

高速铁路列车运行图主要有以下三种。

（1）节假日使用的列车对数最多的运行图，称为基本运行图或高峰运行图。

（2）周末（周五至周日）使用的运行图是从基本运行图中抽减一定数量运行线，列车对数较少的运行图。

（3）日常（周一至周四）使用的运行图是日开行对数最少的列车运行图。

例如，京沪高铁，节日使用的基本运行图日开行 92 对，周末使用的运行图日开行 85 对，日常使用的运行图日开行 78 对；京津城际高速铁路在基本运行图日开行 100 对的基础上，采取按动车组交路停运方式，编制日开行 70 对的日常使用的分号运行图、日开行 80 对的周末使用的分号运行图，节日根据电报公布使用日开行 90 对或 100 对的分号图。

7. 高速铁路列车车次的编排

铁路列车类型、类别不同，车次编排也不相同，铁路列车车次编排规定如表 3–1 所示。

表 3–1　铁路列车车次编排规定

序号	列车类型	类别	车次范围	备注
1	高速动车组旅客列车	直通	G1～G4998	G4001～G4998 为临客
		管内	G5001～G9998	G9001～G9998 为临客
2	城际动车组旅客列车	—	C1～C9998	C9001～C9998 为临客
3	动车组旅客列车	直通	D1～D4998	D4001～D4998 为临客
		管内	D5001～D9998	D9001～D9998 为临客
4	直达特快旅客列车（160 km/h）	直通	Z1～Z4998	Z4001～Z4998 为临客
		管内	Z5001～Z9998	Z9001～Z9998 为临客
5	特快旅客列车（140 km/h）	直通	T1～T3998	T3001～T3998 为临客
		管内	T4001～T9998	T9001～T9998 为临客
6	特快货物班列（160 km/h）	—	X1～X198	

任务 3.4　高速铁路通过能力

1. 高速铁路通过能力基础认知

（1）高速铁路通过能力：在采用一定数量和类型的动车组及一定的行车组织方法下，在运营时间内，依托高速铁路区段的各种固定设备，在单位时间内（通常指一小时或一昼夜）所能通过基准列车的最多列车数。

（2）高速铁路通过能力在一定程度上取决于行车组织水平和铁路固定设备、动车组的合理运用。其不是一成不变的，会随着技术设备和行车组织方法的改善而提高。

（3）高速铁路通过能力计算的基准列车——在通过能力考察区段内开行的速度最高且在沿途不进行停车作业的列车。

（4）影响高速铁路通过能力的因素。

① 运输组织模式：是只运行高速铁路列车，还是高低速列车混跑、客货列车混跑。

② 列车种类、速度、停站方案。

③ 综合维修天窗：长达 4～6 h 的行车中断，会直接影响通过能力，在运行图上产生空费三角区。

a）天窗的设置缩短了可供列车运行的时间。

b）将运行图分成了两个隔开的时间段，使列车不能 24 h 内循环运行。

④ 车站间距及其区间的不均。这一点在不同列车的速度差异比较大的时候，影响更为明显。一般来说，在保证一定的高速列车通过能力条件下，缩小站间距，会提高较低速度列车的通过能力。

2. 高速铁路通过能力的计算方法

1）图解法

按照运行图的铺画顺序和原则，先铺画给定数量的非基准列车运行线，然后在列车间隔内铺画基准列车运行线（速度最高，不停站）。在运行图上所能最大限度铺画的基准列车数量和非基准列车数量的总和即为该高速铁路区段的非平行运行图通过能力。图解法比较精确，但较烦琐，故只在特殊情况下采用。

2）分析计算法

分析计算法主要是把各种情况下列车的能力占用归为一定的模式，如果是规格化运行图，这种方法较为简单直观，但实际运行图的停站比、越行模式可能非常灵活，如果要归纳为各种模式，组合方案会太多，对于不同的运行图，该方法的适用性必然受到限制，只能近似地计算非平行运行图的通过能力。

根据计算的原理不同，分析计算法分为扣除系数法和平均最小间隔法。

3）计算机模拟法

计算机模拟法是由计算机模拟人工铺图，严格按铺图标尺，通过紧密铺画 A、B 类列车运行线，进而精确确定高速铁路区段或全线通过能力的方法。

计算机模拟法确定区间或全线通过能力，都是在某种条件下进行的，都是根据某种原则，在固定某些种类列车数量的前提下，通过计算机模拟人工铺画满表运行图。

用计算机模拟法确定高速铁路区段或全线通过能力的计算过程如图 3–7 所示。

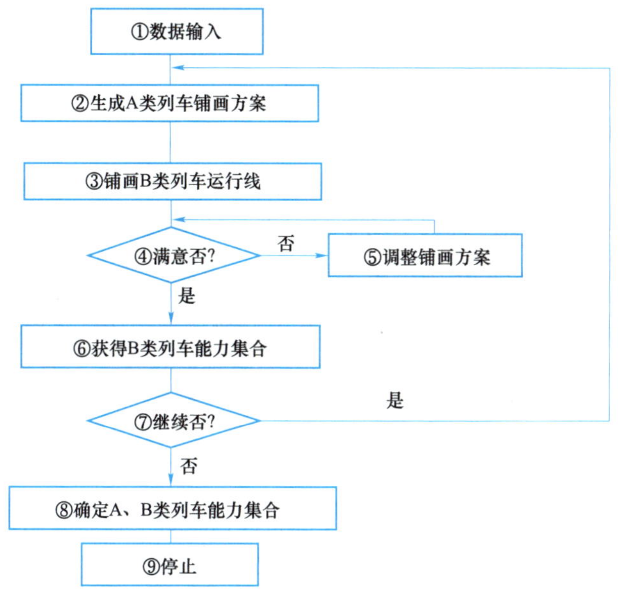

图 3–7　用计算机模拟法确定高速铁路区段或全线通过能力的计算过程

任务 3.5　高速铁路动车组运用计划与列车乘务制度

动车组由国铁集团统一管理，统一调配，实行配属制度。所谓配属制度，就是国铁集团根据高铁运输生产任务的需要和运输条件等因素将动车组配属给各铁路局集团有限公司（简称铁路局）使用和保管的制度。

1. 动车组运用特点

动车组运用与机车运用有所不同，其主要特点如下。

1）动车组运用方式灵活多样

动车组运用方式主要有以下几种。

（1）固定区段往复折返运用方式。

这种运用方式的主要优点：有利于动车组管理，动车组在固定区段，往复折返运行数次后，返回固定地点检修，动车组运用组织比较简单。京津、沪宁、广珠等城际高铁，以及郑西、郑武、西太等高铁区段普遍采用此方式。其主要缺点是当运行区段较长或始发时间较晚，动车组当日不能返回本段（所）时，不仅影响动车组按时检修，而且第二天需使用另一列备用动车组。

（2）固定区段连环套跑运用方式。

这种运用方式的主要优点：一是动车组在固定区段连环套跑后，当日返回固定地点检修，动车组运用组织简单，便于管理；二是与固定区段往复折返方式相比，能增加动车组列车运行里程，提高动车组运用效率。其主要缺点与固定区段往复折返方式相似。距离 500 km 左右的相邻高速铁路区段，普遍采用连环套跑运用方式。

（3）不固定区段运用方式。

采用不固定区段运用方式时，各动车组的运行区段不固定，可以在任何高速区段之间运行。

除此以外，动车组运用还有不固定区段往复折返和不固定区段连环套跑等多种方式。为了加速动车组周转，提高动车组运用效率，只要车型相同，折返（接续）时间符合要求，检修地点、检修时间不变，经各方协商同意，动车组可以在局管内、跨局、全路高速铁路范围内灵活使用。

2）影响动车组运用的因素

影响动车组运用的因素较多，除受运用方式的影响外，还受到以下因素的影响和限制。

（1）动车段（所）设置地点。

合理布局检修动车组的段（所），可以减少动车组空车走行里程，减少出入段走行时间，加速动车组周转。

（2）动车组配属数量。

动车组配属数量包括运用数量、检修数量和备用数量。动车段（所）要合理安排动车组运用计划，既要保证动车组按修程、周期进行检修，又要保证完成列车运行计划规定的任务，并留有一定的备用。

（3）列车运行图规定的列车起讫点、时刻。

列车运行图规定的列车起讫点、时刻一般情况下不能变动，为了提高动车组运用效率，需小幅度变动时，需与有关编图人员协商。

（4）动车组检修计划规定的检修地点、周期、作业时间标准和时间段。

动车组检修计划规定的检修地点、周期、作业时间标准和时间段不能轻易变动。如需小范围调整动车组检修计划规定的检修地点、周期、作业时间标准和时间段时，要与检修部门协调。

（5）动车组交路的约束。

① 交路段的约束。前一日交路段的终到站须与后一日交路段的始发站一致；最后一个交路段的终到站须与第一个交路段的始发站一致。

② 接续地点约束。同一交路中，前行列车的终到站须与接续列车的始发站一致，并保证接续时间。

③ 折返时间约束。前行列车终到时间与折返列车的始发时间差，不得小于折返时间标准。

（6）维修天窗。

夜间垂直矩形综合维修天窗中断动车组行车的时间长，对动车组运用的影响非常大。

3）动车组运用效率

高速动车组列车不仅运行速度远高于机车牵引的普速列车，而且在运行途中不需要更换机车，停站次数少、停站时间短，这大大缩短了旅行时间，数倍提高了运用效率。

例如，原西安北至广州南的G98/95次列车，途中只停郑州、武汉、长沙南3站，共计停站10 min，旅行时间为7 h 39 min。西安至广州的K84/81次列车，需更换机车3次，列车上水5次，停站14次，旅行时间为27 h 25 min。途经西安的直达特快列车，旅行时间为23 h左右，由此可见，高速动车组列车比普速铁路旅客列车缩短旅行时间约2/3。

2. 动车组运用计划

动车组运用计划包括动车组运用交路计划和动车组车底分配计划两部分。动车组运用交路计划与列车运行计划（列车运行图）同时编制；动车组车底分配计划与动车组1、2级检修计划同时编制。

我国高铁营业线路较多，各局配属的动车组数量、车型和运用方式不完全相同，影响动车组运用的因素较多，人工编制列车运行图和动车组运用计划较困难，目前普遍采用计算机网络编制列车运行图和动车组运用计划，并以图表形式表示。

动车组运用计划图表的内容包括：动车组担当列车的车次、起讫站名、始发与终到时刻、立即折返时间、担当乘务的动车组车型、车组号码、检修或热备地点、走行里程、检修作业时间等。目前，各局担当动车组列车的线路较多，跨局运用的动车组情况越来越多，用一张图表难以表示全局动车组运用计划，为此，各铁路局普遍采用按线路编制动车组运用计划的方式。

3. 列车乘务

（1）列车应设有列车乘务组。列车乘务组按下列规定组成：

① 动车组列车应有动车组司机，其他列车应有机车乘务人员；

② 动车组列车应有随车机械师，其他旅客列车应有车辆乘务人员；

③ 旅客列车应有客运乘务组。

（2）动车组列车司机在列车运行中，应做到：

① 开车前司机要选定机车综合无线通信设备通信模式和运行线路，机车综合无线通信设备、GSM-R 手持终端按规定注册列车车次，并确认正确。装备列车运行监控装置的动车组列车还应按规定输入监控装置有关数据。

② 遵守列车运行图规定的运行时刻和各项允许及限制速度。彻底瞭望，确认信号，认真执行呼唤应答制度，严格按信号显示要求行车，确保列车安全正点。遇有信号显示不明或危及行车和人身安全时，应立即采取减速或停车措施。

③ 机车信号、机车综合无线通信设备、列车运行监控装置、列控车载设备必须全程运转，严禁擅自关机、隔离。

④ 起动稳，加速快，精心操纵，停车准确，按规定鸣笛。

⑤ 注意操纵台各种仪表及车载信息监控装置的显示。

⑥ 正常情况在列车运行方向最前端司机室操纵，非操纵端司机室门、窗及各操纵开关、手柄均应置于断开或锁闭位。关闭非操纵端司机室机车综合无线通信设备电源。

⑦ 动车组列车停车后，必须使列车保持制动状态。更换动车组司机（同向换乘除外）或司机室操纵端、使用紧急制动停车、重联或解编后再开车前，必须进行相关试验。

⑧ 等会列车时，不准关闭辅助电源装置，并应按规定显示列车标志。

⑨ 向列车有关乘务人员传达列车调度员的有关命令、指示。

⑩ 将列车运行中发生的问题及使用紧急制动装置的情况，及时报告列车调度员。

（3）动车组以外的列车司机在列车运行中，应做到：

① 列车在出发前输入监控装置有关数据；按规定对列车自动制动机进行试验，在制动保

压状态下列车制动主管的压力 1 min 内漏泄不得超过 20 kPa，确认列尾装置作用良好。

装备机车综合无线通信设备的机车，开车前司机要选定机车综合无线通信设备通信模式和运行线路。在 GSM-R 区段运行时，机车综合无线通信设备、GSM-R 手持终端按规定注册列车车次，并确认正确。

② 遵守列车运行图规定的运行时刻和各项允许及限制速度。彻底瞭望，确认信号，认真执行呼唤应答制度，严格按信号显示要求行车，确保列车安全正点。遇有信号显示不明或危及行车和人身安全时，应立即采取减速或停车措施。

③ 机车信号、列车无线调度通信设备、列车运行监控装置（轨道车运行控制设备）和列尾装置必须全程运转，严禁擅自关机。

④ 起动稳，加速快，精心操纵，停车准确，按规定鸣笛，防止列车冲动和断钩。

⑤ 随时检查机车总风缸、制动主管的压力。检查内燃机车柴油机的润滑油压力、冷却水的温度及其转数等情况。注意电力机车的各种仪表的显示及接触网状态。

⑥ 在区间内列车停车进行防护、分部运行、装卸作业或使用紧急制动阀停车后再开车时，司机必须检查试验列车制动主管的贯通状态，确认列车完整，具备开车条件后，方可起动列车。

⑦ 单机、自轮运转特种设备在自动闭塞区间紧急制动停车或被迫停在调谐区内后，司机须立即通知后续列车司机、向列车调度员（两端站）报告停车位置（具备移动条件时司机须先将机车移动不少于 15 m），并在轨道电路调谐区外使用短路铜线短接轨道电路。

⑧ 等会列车时，不准关闭空气压缩机，并应按规定显示列车标志。

⑨ 将列车运行中发生的问题及使用紧急制动阀的情况，及时报告列车调度员。

（4）随车机械师应按技术作业过程的规定检查动车组；在列车运行途中，应监控动车组设备技术状态，及时处理车辆故障，经处置确认无法正常运行时，通知司机选择维持运行或停车。随车机械师应配备 GSM-R 手持终端和无线对讲设备及响墩、火炬、短路铜线、信号旗（灯）等防护用品（只在仅运行动车组列车的线路上运行时可不配备响墩、火炬），在值乘中还应做到：

① 列车发生紧急制动停车后，联系司机，检查车辆技术状态，可继续运行时通知司机开车。

② 向司机通报使用紧急制动装置的情况，并协助司机处理有关行车事宜。

（5）车辆乘务人员应按技术作业过程的规定检查车辆，并参加制动试验。在列车运行途中，应监控车辆运用状态，及时处理车辆故障，并将本身不能完成的不摘车检修工作，预报前方站列检。前方站列检应积极组织人力修复车辆故障，保持原编组运用。是否摘车检修，由当地列检决定并处理。

车辆乘务员应配备 GSM-R 手持终端和无线对讲设备及响墩、火炬、短路铜线、信号旗（灯）

等防护用品，在值乘中还应做到：

① 列尾装置故障时，列车出发前、停车站进站前和出站后，应按规定与司机核对列车尾部风压；

② 列车发生紧急制动停车后，联系司机，检查车辆技术状态，可继续运行时通知司机开车；

③ 向司机通报使用紧急制动阀的情况，并协助司机处理有关行车事宜。

（6）车辆乘务员、客运乘务组等列车乘务人员发现下列危及行车和人身安全情形时，应使用紧急制动阀（紧急制动装置）停车：

① 车辆燃轴或重要部件损坏；

② 列车发生火灾；

③ 有人从列车上坠落或线路内有人死伤；

④ 其他危及行车和人身安全必须紧急停车时。

使用车辆紧急制动阀时，不必先行破封，立即将阀手把向全开位置拉动，直到全开为止，不得停顿和关闭。遇弹簧手把时，在列车完全停车以前，不得松手。在长大下坡道上，必须先看制动主管压力表，如压力表指针已由定压下降 100 kPa 时，不得再行使用紧急制动阀（遇折角塞门关闭时除外）。

动车组列车遇上述情况时，随车机械师、客运乘务组等列车乘务人员应立即报告司机采取停车措施；来不及报告时，应使用客室紧急制动装置停车。

列车乘务人员应将使用紧急制动阀（紧急制动装置）的情况报告司机。

（7）机车乘务组以外人员登乘机车时，除铁路机车运用管理规则指定的人员外，须凭登乘机车证登乘。登乘动车组司机室须凭动车组司机室登乘证。

登乘机车、动车组司机室的人员，在不影响乘务人员工作的前提下，经检验准许后方可登乘。

项目4
高速铁路车站作业组织

知 识 点

编组列车

高速铁路接发列车作业

高速铁路调车工作

技能目标

掌握编组列车的相关规定

掌握高速铁路接发列车作业的相关规定

掌握高速铁路调车工作的相关规定

任务 4.1　编 组 列 车

1. 列车编组

（1）列车应按《铁路技术管理规程》和列车运行图规定的编挂条件、重量或长度编组。

动车组为固定编组。动车组以外的旅客列车按列车编组表编组，行李车、邮政车、发电车等非乘坐旅客的车辆应分别挂于机车后第一位和列车尾部。

（2）单组动车组运用状态下不得解编，两组短编组同型动车组可重联运行。救援等特殊情况下，两组不同型号的动车组可重联运行。

动车组禁止加挂各型机车车辆（无动力调车时的调车机车、救援机车、无动力回送时的本务机车及回送过渡车除外），禁止编入其他列车。

超过检修期限的动车组禁止上线运行（经车辆部门鉴定的回送动车组除外）。

（3）下列机车车辆禁止编入列车：

① 插有扣修、倒装色票的及车体倾斜超过规定限度的；

② 曾经发生冲突、脱轨、火灾、爆炸或曾编入发生特别重大、重大、较大事故列车内以及在自然灾害中损坏，未经检查确认可以运行的；

③ 装载货物超出机车车辆限界，无挂运命令的；

④ 装载跨装货物（跨及两平车的汽车除外）的平车，无跨装特殊装置的；

⑤ 平车及敞车装载货物违反装载和加固技术条件的；

⑥ 未关闭侧开门、底开门以及平车未关闭端、侧板的（有特殊规定者除外）；

⑦ 由于装载的货物需停止自动制动机的作用，而未停止的；

⑧ 企业自备机车、车辆、自轮运转特种设备和城市轨道车辆、进出口机车车辆过轨时，未经铁路机车车辆人员检查确认的；

⑨ 缺少车门的（检修回送车除外）；

⑩ 超过定期检修期限的客车车辆（经车辆部门鉴定的回送客车除外）禁止编入旅客列车。

2. 列车中机车车辆的编挂和连挂

（1）工作机车应挂于列车头部，正向运行（牵引路用、救援列车的机车除外）。双机或多机牵引时，本务机车的职务由第一位机车担当。

（2）走行部和制动装置良好的客运机车（出入厂、段的修程机车除外）需附挂旅客列车跨铁路局回送时，按铁路总公司调度命令办理。

回送机车，应挂于本务机车次位，挂有重联机车时为重联机车次位。禁止办理机车专列回送。

不得办理铁路救援起重机回送作业（在高速铁路救援时除外）。

（3）旅客列车、回送客车底不准编挂货车，编入的客车车辆最高运行速度等级必须符合该列车规定的速度要求。

旅客列车中，与机车相连接的客车端门及编挂在列车尾部的客车后端门须加锁。动车组驾驶室与旅客乘坐席间的门须锁闭。

（4）动车组以外的列车中相互连挂的车钩中心水平线的高度差，不得超过 75 mm。

（5）列车中车辆的连挂，由调车作业人员负责。软管的连结，有列检作业的始发列车由列检人员负责；无列检作业的，由调车作业人员负责。

动车组采用机车调车作业时，随车机械师或动车段（所）胜任人员负责过渡车钩和专用风管的安装与拆卸、电气连接线的连结与摘解并打开车门，调车人员负责车钩连结与摘解、软管摘结。

动车组无动力回送或被救援时，过渡车钩、专用风管的安装与拆卸由随车机械师负责，司机配合。

（6）列车机车与第一辆车的连挂，由机车乘务员负责。单班单司机值乘的由列检人员负责；无列检作业的列车，由车辆乘务员负责；无车辆乘务员的列车，由车站人员负责。

列车机车与第一辆车的车钩摘解、软管摘结，由列检人员负责。无列检作业的列车，车钩、软管摘解由机车乘务员（单班单司机值乘的由车辆乘务员）负责，软管连结由车辆乘务员负责；无车辆乘务员的列车，由机车乘务员（单班单司机值乘的由车站人员）负责。

列车机车与第一辆车电气连接线的连结与摘解由客列检作业人员负责，无客列检作业人员时，由车辆乘务员负责。

旅客列车在途中摘挂车辆时，车辆的摘挂和软管摘结，由调车作业人员负责，密封风挡和电气连接线的连结与摘解由车辆乘务员负责，其他由列检作业人员负责，无列检作业人员时，由车辆乘务员负责，必要时打开车门，以便于调车作业。装有密接式车钩的客车车辆摘挂时，过渡车钩的安装与拆卸由列检人员负责，无列检人员时由车辆乘务员负责。

列车机车与动车组过渡车钩的连结与摘解、软管摘结、电气连接线的连结与摘解，由随车机械师负责。

（7）两列动车组重联或解编时，由动车组机械师负责引导，司机确认。动车组重联时，被控动车组应退出占用，主控动车组使用调车模式与被控动车组连接。解编操作时，主控动车组转换为调车模式后，必须一次移动 5 m 以上方可停车。

3. 列尾装置的摘挂及运用

（1）动车组以外的旅客列车应安装列尾装置。特殊情况下，无法安装或使用列尾装置时，应制定具体办法。

（2）旅客列车列尾装置尾部主机的安装与摘解、风管及电源的连结与摘解，由车辆部门负责。

（3）列尾装置在使用前，必须按规定进行检测，合格后方可投入运用。

（4）路用列车尾部可不挂列尾装置。

4. 列车中车辆的检查

（1）列检作业应按规定范围和技术作业过程进行。应建立车辆故障诊断指导组，对途中车辆故障进行远程诊断、指导和故障处置确认。

动车组运行（含回送）途中不进行客列检作业。

（2）车辆编入列车须达到运用状态。主要部件必须作用良好，符合质量要求。自动制动机、人力制动机和货车的自动制动机空重车调整装置状态良好、位置正确。

（3）上线运营的动车组须符合出所质量标准。遇下述情况时，须安排动车组试运行：

① 新型动车组运营、新线开通前；

② 动车组新造出厂、高级检修修竣后；

③ 临修更换转向架、轮对、万向轴、主变压器、牵引电机后；

④ 重要部件、软件加装、升级后。

（4）在有列检作业的车站，发现列车中有技术不良的车辆，因条件限制不能修理时，应由列车中摘下修理。在其他车站发现列车中有技术不良的车辆，因特殊情况不能摘下时，如能确保行车安全，经车辆调度员同意，可回送到指定地点进行处理。

装有密接式车钩的客车回送时，原则上应附挂旅客列车回送。

（5）运用中的车辆应按规定的周期检修。扣修和出入厂、段的车辆应建立定时取送制度，并纳入车站日班计划。

（6）动车组以外的列车自动制动机应按下列规定进行试验。

① 全部试验

a）列检作业场对运行途中自动制动机发生故障的到达列车；

b）旅客列车库内检修作业；

c）在有客列检作业的车站折返的旅客列车。

站内设有试风装置时，应使用列车试验器试验，连挂机车后只做简略试验。对装有空气弹簧等装置的旅客列车应同时检查辅助用风系统的泄漏。

② 简略试验

a）客列检作业后和旅客列车始发前；

b）更换机车或更换机车乘务组时；

c）无列检作业的始发列车发车前；

d）列车软管有分离情况时；

e）列车停留超过 20 min 时；

f）列车摘挂补机，或第一机车的自动制动机损坏交由第二机车操纵时；

g）机车改变司机室操纵时；

h）列车进行摘、挂作业开车前。

在站简略试验：有列检作业的由列检人员负责，无列检作业的由车辆乘务员负责，无车辆乘务员的由车站人员负责。挂有列尾装置的列车由司机负责（挂有列尾装置的旅客列车，始发前、摘挂作业开车前及在途中换挂机车站、客列检作业站，有列检作业的由列检人员负责，无列检作业的由车辆乘务员负责）。

③ 持续一定时间的全部试验

旅客列车出库前应进行持续一定时间的全部试验，在接近长大下坡道区间的车站，是否进行持续一定时间的全部试验，由铁路局规定。

长大下坡道为：线路坡度超过 6‰，长度为 8 km 及以上；线路坡度超过 12‰，长度为 5 km 及以上；线路坡度超过 20‰，长度为 2 km 及以上。

（7）动车组制动试验规定：

① 动车组在出段（所）前或折返地点停留出发前需要进行全部制动试验，一级检修作业后的动车组在出发前不再进行全部制动试验；

② 动车组列车在始发前需在操纵端进行简略制动试验；

③ 动车组列车更换动车组司机（同向换乘除外）或操纵端后，需进行简略制动试验；

④ 动车组列车在途中重联或解编后，开车前需在操纵端进行简略制动试验；

⑤ 动车组列车使用紧急制动停车后，开车前需进行简略制动试验；

⑥ 动车组在采用机车救援、无动力回送连挂机车或回送过渡车时，按动车组无动力回送作业办法进行制动性能确认。

（8）动车组不办理编组顺序表交接。动车组以外的旅客列车编组顺序表按以下规定办理交接：

① 在始发站由车站人员按列车编组顺序表核对现车，无误后，与司机办理交接。

② 中途换挂机车时，到达司机与车站间、车站与出发司机间办理交接。仅更换机车乘务组时，机车乘务组之间办理交接。

③ 途中摘挂车辆时，车站负责修改列车编组顺序表。

④ 列车到达终到站后，司机与车站办理交接。

车站与司机的交接地点均为机车停留位置。

5. 列车制动

（1）列车的换算闸瓦压力，遵守表 4–1、表 4–2 规定计算。

表 4–1 机车计算重量及每台换算闸瓦压力表

种类	机型	计算重量（t）	换算闸瓦压力（kN）
电力	SS_3、SS_6	138	700
	SS_1	138	830
	SS_{3B}、SS_{6B}	138	680
	SS_4	184	900
	SS_7	138	1 100
	SS_{7E}、SS_9	126	770
	SS_8	90	520
	DJ_1	184	1 120
	6K	138	780
	8G、8K	184	880
	HXD_1、HXD_2	200	900（320）
	HXD_{1B}、HXD_{2B}、HXD_{3B}	150	680（240）
	HXD_{1C}、HXD_{2C}、HXD_3、HXD_{3C}	138/150	680（240）
	HXD_{1D}、HXD_{3D}	126	790（280）
内燃	DF_4、DF_5、DF_7、DF_8、DF_{11}	138	680
	DF_{11G}、DF_{11Z}	145	770
	DF_{7B}、DF_{7C}、DF_{7D}	138	680
	DF_{8B}	150	900
	BJ	90	680
	ND_5	135	800
	HXN_5、HXN_3	150	680（240）
	NJ_2	138	620（220）

注：1. 表中为按铸铁闸瓦换算闸瓦压力。

2. 新型机车根据 120 km/h 速度下紧急制动距离在 1 100 m 以内的要求计算，括弧内为按 H 高摩合成闸瓦换算闸瓦压力。

表 4–2　车辆换算闸瓦压力表

种类	车型			每辆换算闸瓦压力（kN）	
				自动制动机列车主管压力按 600 kPa	人力制动机
客车	普通客车（120 km/h）	（踏面制动）		（350）	（80）
	新型客车（盘形制动，120 km/h，140 km/h，160 km/h）	120 km/h	自重 41～45 t	137（412）	13
			自重 46～50 t	147（441）	
			自重 51～55 t	159（477）	
			自重≥56 t	173（519）	
		双层		178（534）	13
		140 km/h 及 160 km/h	自重 41～45 t	146（438）	13
			自重 46～50 t	156（468）	
			自重 51～55 t	167（501）	
			自重≥56 t	176（528）	

注：1. 按 H 高摩合成闸瓦计算，括弧内为按铸铁闸瓦计算。

2. 旅客列车自动制动机主管压力为 600 kPa。

3. 客车车辆在列车主管压力为 500 kPa 时的闸瓦压力，按 600 kPa 时闸瓦压力的 1:1.15 换算。

列车制动限速受每百吨列车重量换算闸瓦压力及下坡道坡度限制。普通旅客列车遵守表 4–3 规定；140 km/h 旅客列车遵守表 4–4 规定；160 km/h 旅客列车遵守表 4–5 规定。列车下坡道制动限速随下坡道千分数的增加而递减，坡道每增加 1‰，限速减少 1 km/h 左右。

表 4–3　旅客列车制动限速表（km/h）（计算制动距离 800 m，高磷铸铁闸瓦）

P / v / i	每百吨列车重量的换算闸瓦压力/kN													
	500	520	540	560	580	600	620	640	660	680	700	720	740	760
0	106	107	109	110	111	112	113	114	115	116	117	118	119	120
1	105	107	108	109	110	111	113	114	115	116	117	118	118	119
2	105	106	107	109	110	111	112	113	114	115	116	117	118	118
3	104	105	107	108	109	110	111	112	114	115	116	117	117	118
4	103	105	106	107	109	110	111	112	113	114	115	116	117	117
5	102	104	106	107	108	109	110	111	112	113	114	115	116	116
6	102	104	105	106	107	109	110	111	112	113	114	115	116	116
7	101	103	104	106	107	108	109	110	111	112	113	114	115	115
8	100	102	103	105	106	107	109	110	111	112	113	114	115	115
9	99	101	102	104	105	107	108	109	110	111	112	113	114	114

续表

P v i	每百吨列车重量的换算闸瓦压力/kN													
	500	520	540	560	580	600	620	640	660	680	700	720	740	760
10	98	100	102	103	104	106	107	109	110	111	112	112	113	113
11	97	99	101	103	104	105	107	108	109	110	111	112	113	113
12	97	99	101	102	103	105	106	107	109	110	111	111	112	112
13	96	98	100	102	103	104	106	107	108	109	110	111	112	112
14	96	98	100	101	102	104	105	106	107	109	110	110	111	111
15	95	97	99	101	102	103	105	106	107	108	109	110	111	111
16	95	97	99	100	101	103	104	105	106	107	108	109	110	110
17	94	96	98	100	101	102	103	105	106	107	108	109	109	110
18	94	96	98	99	100	102	103	104	105	106	107	108	108	109
19	93	95	97	99	100	101	102	103	104	105	106	107	108	109
20	93	95	97	98	99	100	101	102	103	104	105	106	107	108

注：1. 每百吨列车重量的闸瓦压力低于 760 kN 需限速运行。例如 22 型客车（踏面制动）编成列车在每百吨列车重量的闸瓦压力 660 kN 条件下的制动限速为 115 km/h。

2. 对于超过 20‰的下坡道，列车制动限速由铁路局根据实际试验规定。

3. *i* 为下坡道千分数（‰）；*P* 为每百吨列车重量的换算闸瓦压力，单位 kN；*v* 为旅客列车制动限速，单位 km/h。

4. 本表每百吨列车重量的换算闸瓦压力计算包括机车。

5. 本表适用 120 km/h 旅客列车。

表 4–4　140 km/h 旅客列车制动限速表（km/h）（计算制动距离 1 100 m，盘形制动）

P v i	每百吨列车重量的换算闸瓦压力/kN							
	230	240	250	260	270	280	290	300
0	138	140						
1	137	139						
2	136	138						
3	135	137	140					
4	135	137	139					
5	134	136	138					
6	133	135	137	140				
7	132	134	136	139				
8	132	134	136	139				
9	131	133	135	138				
10	130	132	134	137	140			
11	129	131	133	136	139			

续表

P v i	每百吨列车重量的换算闸瓦压力/kN							
	230	240	250	260	270	280	290	300
12	128	130	132	135	138			
13	128	130	132	134	137	140		
14	127	129	131	133	136	139		
15	126	128	130	132	135	138		
16	125	127	129	131	134	137	140	
17	125	127	129	131	134	137	139	
18	124	126	128	130	133	136	139	
19	123	125	127	129	132	135	138	
20	122	124	126	128	131	134	137	139

注：1. 新型客车（盘形制动）每百吨列车重量按高摩合成闸片换算闸瓦压力应在 275 kN 以上。

2. 对于超过 20‰的下坡道，列车制动限速由铁路局根据实际试验规定。

3. *i* 为下坡道千分数（‰）；*P* 为每百吨列车重量的换算闸瓦压力，单位 kN；*v* 为旅客列车制动限速，单位 km/h。

4. 本表每百吨列车重量的换算闸瓦压力计算包括机车。

表 4–5　160 km/h 旅客列车制动限速表（km/h）（计算制动距离 1 400 m，盘形制动）

P v i	每百吨列车重量的换算闸瓦压力/kN								
	230	240	250	260	270	280	290	300	310
0	155	158	160						
1	154	157	159						
2	153	156	159						
3	152	155	158	160					
4	151	154	157	159					
5	150	153	156	159					
6	149	152	155	158	160				
7	148	151	154	157	159				
8	147	150	153	156	159				
9	146	149	152	155	158	160			
10	146	149	152	155	157	159			
11	145	148	151	154	156	159			
12	144	147	150	153	155	158	160		
13	143	146	149	152	155	157	159		
14	142	145	148	151	154	156	158		

续表

i \ v \ P	每百吨列车重量的换算闸瓦压力/kN								
	230	240	250	260	270	280	290	300	310
15	141	144	147	150	153	155	157	160	
16	140	143	146	149	152	154	157	159	
17	139	142	145	148	151	154	156	159	
18	138	141	144	147	150	153	155	158	160
19	137	140	143	146	149	152	154	157	159
20	137	140	143	146	149	151	153	156	158

注：1. 新型客车（盘形制动）每百吨列车重量按高摩合成闸片换算闸瓦压力应在 275 kN 以上。

2. 对于超过 20‰的下坡道，列车制动限速由铁路局根据实际试验规定。

3. *i* 为下坡道千分数（‰）；*P* 为每百吨列车重量的换算闸瓦压力，单位 kN；*v* 为旅客列车制动限速，单位 km/h。

4. 本表每百吨列车重量的换算闸瓦压力计算包括机车。

（2）列车中的机车和车辆的自动制动机，均应加入全列车的制动系统。

路用列车中因装载的货物规定需停止制动作用的车辆，自动制动机临时发生故障的车辆，准许关闭截断塞门（简称关门车），编入路用列车的关门车数不得超过现车总辆数的 6%（尾数不足一辆按四舍五入计算）。关门车不得挂于机车后部三辆车之内；在列车中连续连挂不得超过两辆；列车最后一辆不得为关门车；列车最后第二、三辆不得连续关门。

旅客列车不准编挂关门车。在运行途中（包括在站折返）如遇自动制动机临时故障，在停车时间内不能修复时，准许关闭一辆，但列车最后一辆不得为关门车，120 km/h 速度等级及编组小于 8 辆的 140 km/h、160 km/h 速度等级列车按规定关门时需限速运行，车辆乘务员须向司机递交限速证明书。

（3）列车在任何线路上的紧急制动距离限值遵守表 4–6 规定。

表 4–6　列车紧急制动距离限值表

列车类型	最高运行速度（km/h）	紧急制动距离限值（m）
旅客列车（动车组列车除外）	120	800
	140	1 100
	160	1 400

（4）动车组的长度、重量及最高运行速度遵守表 4–7 规定。

表 4–7　动车组长度、重量及最高运行速度表

动车组类型	换算长度	整备重量（t）	计算重量（t）	最高运行速度（km/h）
CRH1A-200	19.4	429.7	483.1	200
CRH1A-250	19.4	432.6	483.1	250
CRH1A-A	18.6	431.0	480.0	250
CRH1B	38.8	857.6	961.5	250
CRH1E（不锈钢车体）	38.8	887.8	942.2	250
CRH1E（铝合金车体）	37.2	910.9	987.0（按座票定员）	250
CRH2A	18.3	375.8	425.9	250
CRH2B	36.5	745.3	846.3	250
CRH2E	36.5	813.1	869.8	250
CRH2E（纵向卧铺车）	37.5	836.2	915.4	250
CRH2G	18.3	393.3	442.3	250
CRH3A	19.1	438.9	487.9	250
CRH5A	19.2	430.0	479.7	250
CRH5G	19.2	429.0	478.0	250
CRH5E	38.0	927.3	999.9	250
CRH2C 一阶段	18.3	381.8	431.9	310
CRH2C 二阶段	18.3	401.5	451.6	350
CRH3C	18.2	432.0	476.6	310/350
CRH380A	18.5	411.4	452.3	350
CRH380AL	36.6	836.5	924.4	350
CRH380B	18.5	450.8	495.3	350
CRH380BG	18.5	454.9	499.4	350
CRH380BL	36.3	893.1	977.3	350
CRH380CL	36.4	902.8	987.0	350
CRH380D	19.6	464.7	510.0	350
CR400AF	19.0	427.8	472.3	350
CR400BF	19.0	461.8	506.3	350
CRH6F	18.3	383.4	471.6	160
CRH6A	18.3	382.2	417.9	200

注：CRH3C 型动车组齿轮箱传动比为 2.793 1 时，最高运行速度为 310 km/h；齿轮箱传动比为 2.429 时，最高运行速度为 350 km/h。

任务 4.2　高速铁路接发列车作业

1. 行车闭塞

（1）列车运行是以车站、线路所所划分的区间及自动闭塞区间的通过信号机或区间信号标志牌所划分的闭塞分区作间隔。

区间及闭塞分区的界限，按下列规定划分：

① 站间区间

a）在单线上，车站与车站间以进站信号机柱的中心线为车站与区间的分界线；

b）在双线或多线上，车站与车站间分别以各该线的进站信号机柱或站界标的中心线为车站与区间的分界线。

② 所间区间

两线路所间或线路所与车站间，以该线上的通过信号机柱的中心线为所间区间的分界线。设有进站信号机的线路所，所间区间的分界方法与站间区间相同。

③ 闭塞分区

自动闭塞区间同方向相邻的两架色灯信号机或区间信号标志牌间，以该线上的通过信号机或区间信号标志牌机柱的中心线为闭塞分区的分界线。

（2）车站均须装设基本闭塞设备。行车基本闭塞法采用下列二种：① 自动闭塞；② 自动站间闭塞。

电话闭塞法是当基本闭塞法不能使用时所采用的代用闭塞法。

（3）当基本闭塞法不能使用时，应根据列车调度员的命令采用电话闭塞法行车。

基本闭塞法停用按电话闭塞法行车时，动车组列车司机应根据调度命令将列控车载设备转为 LKJ 方式运行，未装备 LKJ 的动车组列车转为隔离模式运行。

（4）遇下列情况，应停止使用基本闭塞法，改用电话闭塞法行车：① 基本闭塞设备发生故障导致基本闭塞法不能使用时；② 自动站间闭塞区间，出站信号机故障且引导信号不能开放时发车。

（5）自动闭塞区间，遇轨道电路发生故障等情况，需使用总辅助按钮改变闭塞方向，由车站办理接发列车时，车站值班员确认区间空闲后，根据列车调度员命令，使用总辅助按钮改变闭塞方向，并在《行车设备检查登记簿》内登记；由列车调度员办理接发列车时，列车调度员确认区间空闲后，使用总辅助按钮改变闭塞方向，并在《行车设备检查登记簿》内登记。

（6）自动闭塞。

① 自动闭塞区段，正方向行车，列车按自动闭塞运行；反方向行车，列车按自动站间闭塞运行。

使用自动闭塞法行车，动车组列车在完全监控、引导或部分监控模式下运行时，行车凭证为列控车载设备显示的允许运行的速度值。动车组列车按 LKJ 方式运行及动车组以外的列车，在信号机常态点灯的区段，进入闭塞分区的行车凭证为出站或通过信号机显示的允许运行的信号；在信号机常态灭灯的区段，进入区间的行车凭证为出站信号机或线路所通过信号机显示的允许运行的信号，信号机应点灯。

调度集中区段，一个调度区段内可不办理发车预告手续。两相邻调度集中的调度区段间或调度集中区段车站（线路所）向非调度集中区段车站（线路所）发车时，由系统自动办理发车预告，遇设备故障无法自动办理时，人工办理发车预告（相邻调度区段列车运行调整计划一致时可不办理发车预告）。非调度集中区段车站（线路所）向调度集中区段车站（线路所）发车时，车站值班员应向列车调度员（车站控制时为车站值班员）办理发车预告。

② 在信号机常态点灯的 CTCS-2 级自动闭塞区段，特殊情况下办理发车的行车凭证规定见表 4–8；CTCS-3 级以及信号机常态灭灯的 CTCS-2 级自动闭塞区段，特殊情况下办理发车的行车凭证规定见表 4–9。

表 4–8　信号机常态点灯的 CTCS–2 级自动闭塞区段特殊情况下办理发车的行车凭证表

序号	特殊情况	控车方式	行车凭证	发给行车凭证的依据	附带条件
1	出站信号机（线路所通过信号机）故障时发出列车	LKJ（GYK）控车	调度命令	1. 确认第一个闭塞分区空闲 2. 确认道岔位置正确及进路空闲	以不超过 20 km/h（动车组列车为不超过 40 km/h）速度运行至第一架通过信号机，按其显示的要求执行
2		隔离模式运行		1. 确认区间空闲 2. 确认道岔位置正确及进路空闲	以不超过 40 km/h 速度运行至前方站进站信号机（线路所通过信号机）
3	发车进路信号机故障时发出列车	LKJ（GYK）控车	调度命令	1. 确认发车进路空闲 2. 确认道岔位置正确	以不超过 20 km/h（动车组列车为不超过 40 km/h）速度运行至次一信号机
4		隔离模式运行			以不超过 40 km/h 速度运行至次一信号机

续表

序号	特殊情况	控车方式	行车凭证	发给行车凭证的依据	附带条件
5	区间一架及以上通过信号机故障时发出列车	CTCS-2 级控车	列控车载设备显示的允许运行的速度值	确认区间空闲	
6		LKJ（GYK）控车	出站信号机（线路所通过信号机）显示的允许运行的信号		
7	反方向发出列车	CTCS-2 级控车	列控车载设备显示的允许运行的速度值	1. 确认区间空闲 2. 反方向行车的调度命令	
8		LKJ（GYK）控车	出站信号机（线路所通过信号机）显示的允许运行的信号		

表 4–9 CTCS-3 级以及信号机常态灭灯的 CTCS-2 级自动闭塞区段特殊情况下办理发车的行车凭证表

序号	特殊情况	控车方式	地面信号机状态	行车凭证	发给行车凭证的依据	附带条件
1	开放引导信号发出列车	CTCS-3 级控车 CTCS-2 级控车	灭灯	列控车载设备显示的允许运行的速度值	1. 确认第一个闭塞分区空闲（发车进路信号机开放引导信号时，为确认至次一信号机间空闲） 2. 确认道岔位置正确及进路空闲	
2		LKJ（GYK）控车	点灯	出站信号机（发车进路信号机、线路所通过信号机）显示的允许运行的信号	1. 确认区间空闲（发车进路信号机开放引导信号时，为确认至次一信号机间空闲） 2. 确认道岔位置正确及进路空闲	
3	出站信号机（线路所通过信号机）故障且引导信号不能开放行时发出列车	LKJ（GYK）控车	点灯	调度命令	1. 确认区间空闲 2. 确认道岔位置正确及进路空闲	
4		隔离模式运行				以不超过40 km/h速度运行至前方站进站信号机（线路所通过信号机）

续表

序号	特殊情况	控车方式	地面信号机状态	行车凭证	发给行车凭证的依据	附带条件
5	发车进路信号机故障且引导信号不能开放时发出列车	LKJ（GYK）控车	点灯	调度命令	1. 确认发车进路空闲 2. 确认道岔位置正确	以不超过20 km/h（动车组列车为不超过40 km/h）速度运行至次一信号机
6		隔离模式运行				以不超过40 km/h速度运行至次一信号机
7	区间一个及以上闭塞分区轨道电路红光带时发出列车	CTCS-3 级控车 CTCS-2 级控车	灭灯	列控车载设备显示的允许运行的速度值	确认区间空闲	
8		LKJ（GYK）控车	点灯	调度命令	1. 确认区间空闲 2. 确认道岔位置正确及进路空闲	
9	反方向发出列车	CTCS-3 级控车 CTCS-2 级控车	灭灯	列控车载设备显示的允许运行的速度值	1. 确认区间空闲 2. 反方向行车的调度命令	
10		LKJ（GYK）控车	点灯	出站信号机（线路所通过信号机）显示的允许运行的信号		

（7）自动站间闭塞。

① 使用自动站间闭塞法行车，动车组列车在完全监控、引导或部分监控模式下运行时，行车凭证为列控车载设备显示的允许运行的速度值。动车组列车按 LKJ 方式运行及动车组以外的列车，进入区间的行车凭证为出站信号机或线路所通过信号机显示的允许运行的信号（在信号机常态灭灯的区段，信号机应点灯）。

自动站间闭塞须与集中联锁设备结合使用，自动检查区间空闲，发车站（线路所）办理发车进路后即自动构成站间闭塞。列车到达接车站（线路所）或返回发车站（线路所）并出清区间后，自动解除闭塞。

人工办理发车进路前，须确认区间空闲、接车站（线路所）未办理同一区间的发车进路。一个调度区段内可不办理发车预告手续。两相邻调度集中的调度区段间或调度集中区段车站（线路所）向非调度集中区段车站（线路所）发车时，应由系统自动办理发车预告，遇设备故障无法自动办理时，人工办理发车预告（相邻调度区段列车运行调整计划一致时可不办理发车预告）。非调度集中区段车站（线路所）向调度集中区段车站（线路所）发车时，车站值班员应向列车调度员（车站控制时为车站值班员）办理发车预告。

② 在信号机常态点灯的 CTCS-2 级自动站间闭塞区段，特殊情况下办理发车的行车凭证规定见表 4–10；CTCS-3 级以及信号机常态灭灯的 CTCS-2 级自动站间闭塞区段，特殊情况下办理发车的行车凭证规定见表 4–11。

表 4–10 信号机常态点灯的 CTCS-2 级自动站间闭塞区段特殊情况下办理发车的行车凭证表

<table>
<tr><th>序号</th><th>特殊情况</th><th>控车方式</th><th>行车凭证</th><th>发给行车凭证的依据</th><th>附带条件</th></tr>
<tr><td>1</td><td rowspan="2">出站信号机（线路所通过信号机）故障时发出列车</td><td>LKJ（GYK）控车</td><td rowspan="2">调度命令</td><td rowspan="2">1. 确认区间空闲
2. 确认道岔位置正确及进路空闲</td><td></td></tr>
<tr><td>2</td><td>隔离模式运行</td><td>以不超过 40 km/h 速度运行至前方站进站信号机（线路所通过信号机）</td></tr>
<tr><td>3</td><td rowspan="2">发车进路信号机故障时发出列车</td><td>LKJ（GYK）控车</td><td rowspan="2">调度命令</td><td rowspan="2">1. 确认发车进路空闲
2. 确认道岔位置正确</td><td>以不超过 20 km/h（动车组列车为不超过 40 km/h）速度运行至次一信号机</td></tr>
<tr><td>4</td><td>隔离模式运行</td><td>以不超过 40 km/h 速度运行至次一信号机</td></tr>
<tr><td>5</td><td rowspan="2">反方向发出列车</td><td>CTCS-2 级控车</td><td>列控车载设备显示的允许运行的速度值</td><td rowspan="2">1. 确认区间空闲
2. 反方向行车的调度命令</td><td rowspan="2"></td></tr>
<tr><td>6</td><td>LKJ（GYK）控车</td><td>出站信号机（线路所通过信号机）显示的允许运行的信号</td></tr>
</table>

表 4–11 CTCS-3 级以及信号机常态灭灯的 CTCS-2 级自动站间闭塞区段特殊情况下办理发车的行车凭证表

<table>
<tr><th>序号</th><th>特殊情况</th><th>控车方式</th><th>地面信号机状态</th><th>行车凭证</th><th>发给行车凭证的依据</th><th>附带条件</th></tr>
<tr><td>1</td><td rowspan="2">开放引导信号发出列车</td><td>CTCS-3 级控车
CTCS-2 级控车</td><td>灭灯</td><td>列控车载设备显示的允许运行的速度值</td><td rowspan="2">1. 确认区间空闲（发车进路信号机开放引导信号时，为确认至次一信号机间空闲）
2. 确认道岔位置正确及进路空闲</td><td rowspan="2"></td></tr>
<tr><td>2</td><td>LKJ（GYK）控车</td><td>点灯</td><td>出站信号机（发车进路信号机、线路所通过信号机）显示的允许运行的信号</td></tr>
</table>

续表

序号	特殊情况	控车方式	地面信号机状态	行车凭证	发给行车凭证的依据	附带条件
3	出站信号机（线路所通过信号机）故障且引导信号不能开放时发出列车	LKJ（GYK）控车	点灯	调度命令	1. 确认区间空闲 2. 确认道岔位置正确及进路空闲	
4		隔离模式运行				以不超过40 km/h速度运行至前方站进站信号机（线路所通过信号机）
5	发车进路信号机故障且引导信号不能开放时发出列车	LKJ（GYK）控车			1. 确认发车进路空闲 2. 确认道岔位置正确	以不超过20 km/h（动车组列车为不超过 40 km/h）速度运行至次一信号机
6		隔离模式运行				以不超过40 km/h速度运行至次一信号机
7	反方向发出列车	CTCS-3级控车 CTCS-2级控车	灭灯	列控车载设备显示的允许运行的速度值	1. 确认区间空闲 2. 反方向行车的调度命令	
8		LKJ（GYK）控车	点灯	出站信号机（线路所通过信号机）显示的允许运行的信号		

（8）电话闭塞。

① 使用电话闭塞法行车时，列车占用区间的行车凭证为调度命令。

列车调度员办理发车时，应查明区间空闲，接车站（线路所）为车站控制或邻台列车调度员控制时，还应取得其承认的电话记录号码（双线正方向首列后发车为取得前次列车到达的电话记录号码）；在发车进路准备妥当后，方可发布作为行车凭证的调度命令。

车站值班员办理发车时，应查明区间空闲，并取得接车站（线路所）承认的电话记录号码，但双线正方向首列后发车为取得前次列车到达的电话记录号码（办理发车及接车的车站、线路所为同一车站值班员指挥时不办理电话记录号码），在发车进路准备妥当后，方可向列车调度员报告，请求发布作为行车凭证的调度命令。

② 办理电话闭塞时，下列各项应发出电话记录号码（办理发车及接车的车站、线路所为同一车站值班员或列车调度员指挥时除外），并做好记录：

a）承认闭塞；

b）列车到达；

c）取消闭塞。

电话记录号码自每日0时起至24时止，按日循环编号，编号办法由铁路局规定。

2. 接发列车

（1）动车组列车由列车长确认旅客上下完毕后，通知司机关闭车门；列车进站停车时，司机按动车组停车位置标停车，确认列车停稳、对准停车位置后开启车门。按钮不在司机操作台上的，由列车长通知随车机械师关闭车门；列车到站停稳后，由随车机械师开启车门。如自动开关门装置故障或特殊情况需单独开关车门时，由司机通知列车工作人员手动开关车门。

动车组列车在车站出发，动车组列车司机在确认行车凭证和开车时间，车门关闭后，即可起动列车。

动车组以外的其他列车在车站出发，司机确认行车凭证正确，发车条件完备后，直接起动列车；办理客运业务时，车站客运人员确认旅客乘降、上水、行包装卸完毕后，通过无线对讲设备通知司机，司机须得到车站客运人员的报告后，方可起动列车。

（2）车站应不间断地接发列车，严格按列车运行图行车。车站值班员办理接发列车（列车调度员人工办理接发列车）时，应亲自办理闭塞、布置进路（包括听取进路准备妥当的报告）、开闭信号、交接凭证。由于设备或业务量关系，车站值班员除布置进路（包括听取进路准备妥当的报告）外，其他各项工作可指派信号员或其他人员办理；列车调度员人工办理接发列车时，除办理闭塞、布置进路（包括听取进路准备妥当的报告）外，其他各项工作可指派车务应急值守人员或其他人员办理。

（3）人工办理进路接车前，必须亲自或通过有关人员确认接车线路空闲、影响进路的调车作业已经停止后，方可准备进路、开放进站信号机，准备接车；人工办理进路发车前，确认影响进路的调车作业已经停止后，方可准备进路、开放出站信号机，交付行车凭证。

下达准备接发车进路命令时，必须简明清楚，正确及时，讲清车次和占用线路（一端有两个及以上列车运行方向或双线反方向行车时，应讲清方向、线别），并要受令人复诵，核对无误。

（4）人工准备进路时，应严格按照接发列车命令、调车作业计划执行。

在扳动道岔、操纵信号时，认真执行"一看、二扳（按）、三确认、四显示（呼唤）"制度；对进路上不该扳动的道岔，也应认真进行确认。

其他人员接发列车进路准备完了后，应及时报告车站值班员或列车调度员（能从设备上确认的除外）。

（5）进站信号机外制动距离内，进站方向为超过6‰的下坡道，而接车线末端无隔开设备时，禁止办理相对方向同时接车和同方向同时发接列车（仅运行动车组列车的区段除外）。

在接发列车的同时，接入列控车载设备及列车运行监控装置均故障的动车组列车、制动力部分切除的动车组列车、列车运行监控装置或轨道车运行控制设备故障的其他列车，而接车线末端无隔开设备时，禁止办理相对方向同时接车和同方向同时发接列车。

相对方向不能同时接车时，应先接不适于在站外停车的列车、停车后起动困难的列车或后面有续行列车的列车。

遇两列车不能同时接发时，原则上应按列车运行计划顺序接发。

（6）人工办理时，开放信号机的时机在高速铁路《行车组织细则》中规定。出站信号机已开放或行车凭证已交付，如需取消发车进路，列车调度员（车站控制时为车站值班员）应与司机联系，确认列车尚未起动，收回行车凭证后，再取消发车进路。

（7）接发列车应在正线或到发线上办理，并应遵守下列原则：

① 旅客列车应接入规定线路。

② 动车组列车在车站办理客运业务时，须固定股道、固定站台、固定停车位置。动车组列车遇特殊情况需变更办理客运业务的固定股道时，须经调度所值班主任（值班副主任）准许。

③ 通过列车原则上应在正线办理。原规定为通过的旅客列车由正线变更为到发线接车及动车组列车、特快旅客列车遇特殊情况必须变更基本进路时，须经列车调度员准许，并预告司机；如来不及预告时，应使列车在站外停车后，开放信号机，再接入站内。

④ 动车组列车按列控车载设备方式行车时，禁止在未设置列控信息的股道及进路上接发。

（8）在动车组列车运行时段内，特殊情况需开行路用、救援列车（利用动车组、单机担当救援时除外）时，列车调度员口头通知邻线会车范围内运行的动车组列车司机限速 160 km/h 运行。

（9）列车调度员（车站控制时为车站值班员）应保证有不间断接车的空闲线路。在站内无空闲线路的特殊情况下，只准许接入为排除故障、事故救援、疏解车辆等所需要的救援列车、不挂车的单机及重型轨道车。上述列车均应在进站信号机外停车，由列车调度员（车站控制时为车站值班员）指定的胜任人员向司机通知事由后，以调车手信号旗（灯）将列车领入站内。

（10）列车进站后，应停于接车线警冲标内方。在设有出站（进路）信号机的线路，列车头部不得越过出站（进路）信号机。

如列车尾部停在警冲标外方或压轨道绝缘时，列车调度员（车站控制时为车站值班员）应使用列车无线调度通信设备等通知司机，使列车向前移动。

（11）进站、接车进路信号机不能使用时，应使用引导信号。引导信号无法使用时，列车调度员应向司机发布调度命令，司机根据调度命令越过该信号机。

引导接车时，列车以不超过 20 km/h（动车组列车为不超过 40 km/h）速度进站，并做好随时停车的准备。

在无联锁的线路上接发列车时，除严格按接发列车手续办理外，并应将进路上无联锁的道岔及邻线上防护道岔加锁。进路上无联锁的分动外锁闭道岔无论对向或顺向，均应对密贴尖轨、斥离尖轨和可动心轨加锁。具体加锁办法，由铁路局规定。

（12）列车在站内临时停车，待停车原因消除且继续运行时，应按下列规定办理：

① 司机主动停车时，自行起动列车；

② 其他列车乘务人员使用紧急制动装置（紧急制动阀）停车时，由随车机械师（车辆乘务员）通知司机开车；

③ 列车调度员（车站值班员）使列车在站内临时停车时，由列车调度员（车站值班员）通知司机开车；

④ 其他原因的临时停车，列车调度员（车站值班员）应组织司机、随车机械师（车辆乘务员）等查明停车原因，在列车具备运行条件后，由列车调度员（车站值班员）通知司机开车。

上述第①、②、④项列车停车后，司机应立即报告列车调度员（车站值班员），并说明停车原因。

（13）在非正常情况下，集控站转为车站控制时，车务应急值守人员应报告站段指派胜任人员赶赴现场，协助做好非正常行车工作。

除因危及行车安全必须立即转换为非常站控外，列车调度员提出需转为非常站控时，须经调度所值班主任（值班副主任）准许。

转为非常站控时，车务应急值守人员和列车调度员须在《CTC 控制模式转换登记簿》内登记，记明转换的原因；车务应急值守人员与列车调度员核对设备状况、站内停留车情况、列车运行计划、邻站（线路所）控制模式及与本站（线路所）有关的调度命令等情况。转为非常站控后，应通知司机车站（线路所）转为非常站控。

转为非常站控的原因消除后，双方在《CTC 控制模式转换登记簿》内登记，并及时转回。

（14）动车组列车按隔离模式由车站（线路所）开往区间时，须按站间组织行车，列车按地面信号显示运行，待该列车到达前方站（线路所）后方可放行后续列车。

任务 4.3　高速铁路调车工作

1. 调车工作

（1）一般要求。

① 车站、动车段（所）的调车工作，应按列车运行图、车站或动车段（所）的技术作业过程及调车作业计划进行。参加调车作业有关人员应做到：

a）及时办理动车组出入段（所）、转线及车底取送等作业，保证按列车运行图的规定时刻发车，不影响接车；

b）充分运用一切技术设备，采用先进工作方法，用最少的时间完成调车任务；

c）认真执行作业标准，保证调车有关人员的人身安全及行车安全。

② 调车作业时，应使用机车综合无线通信设备、调度台（车站）FAS 终端或注册的 GSM-R 手持终端进行联系。

使用机车进行调车作业时，应使用无线调车灯显设备（机车摘挂、转线等不进行车辆摘挂的作业除外），并使用规定频率，其显示方式须符合有关要求。无线调车灯显设备应与列车运行监控装置配合使用，无线调车灯显设备的使用、维修及管理办法由铁路局规定。

无线调车灯显设备正常使用时停用手信号，对灯显以外的作业指令采用通话方式；无线调车灯显设备发生故障时，改用手信号作业。

③ 动车段（所）设动车组地勤司机，负责动车组在动车段（所）内调车、试运行等调移动车组的作业。

④ 禁止溜放调车、手推调车和跟踪出站调车作业。

⑤ 在作业中，调车作业人员须停车上下。

⑥ 调车作业必须连结全部软管。摘车时，必须停妥，按规定采取好防溜措施，方可摘开车钩；挂车时，没有连挂妥当，不得撤除防溜措施。

⑦ 调车作业要准确掌握速度及安全距离，并遵守下列规定：

a）在空线上牵引运行时，不准超过 40 km/h；推进运行时，不准超过 30 km/h；动车组后端操作时，不准超过 15 km/h。

b）调动乘坐旅客车辆时，不准超过 15 km/h。

c）接近被连挂的车辆时，不准超过 5 km/h。

d）在尽头线上调车时，距线路终端应有 10 m 的安全距离；遇特殊情况，必须近于 10 m

时，要严格控制速度。

e）电力机车、动车组在有接触网终点的线路上调车时，应控制速度，距接触网终点标应有 10 m 的安全距离；遇特殊情况，必须近于 10 m 时，要严格控制速度。

f）旅客未上下车完毕，除本务机车、补机摘挂作业外，不得进行旅客列车（车底）的连挂作业。

g）遇天气不良等非正常情况，应适当降低速度。

⑧ 调车信号机故障不能开放时，进路准备人员应将相关道岔操纵至所需位置并单独锁闭，在调车进路准备妥当后通知调车指挥人（司机）准许越过故障的调车信号机。

（2）领导及指挥。

① 车站调车作业由列车调度员（由车站负责办理调车进路时为车站值班员或车务应急值守人员）担当调车领导人。分场时的调车工作，由负责该场调车进路的列车调度员（车站值班员或车务应急值守人员）领导。

② 调车作业由调车长单一指挥，遇有特殊情况，可由经鉴定、考试合格的胜任人员担当指挥工作。动车组自走行调车作业、机车及自轮运转特种设备转线等作业由司机负责，不另设调车指挥人。

③ 调车长在调车作业前，必须亲自并督促组内人员充分做好准备，认真进行检查。

在作业中应做到：

a）组织调车人员正确及时地完成调车任务；

b）正确及时地显示信号（发出指令），指挥作业；

c）负责调车人员的人身安全和行车安全。

④ 司机在调车作业中应做到：

a）组织动车组（机车、自轮运转特种设备）乘务人员正确及时地完成调车任务；

b）负责操纵动车组（机车、自轮运转特种设备），做好整备，保证机车、自轮运转特种设备质量良好；

c）时刻注意确认信号，不间断地进行瞭望，认真执行呼唤应答制，正确及时地执行信号显示（作业指令）和调车速度的要求，没有信号（指令）不准动车，信号（指令）不清立即停车；

d）负责调车作业的安全。

⑤ 动车段（所）调车工作的领导及指挥由铁路局规定。

（3）计划及准备。

① 计划的编制及下达

a）调车领导人应正确及时地编制、布置调车作业计划。

b）进行有车辆摘挂的调车作业时，应使用有示意图的调车作业通知单（示意图可另附）。

c）变更调车作业计划时，调车领导人应通知调车指挥人（无调车指挥人时为司机）停止作业，重新编制调车作业计划并下达，待司机和有关人员清楚无误后，方可继续作业。

d）调车指挥人应根据调车作业计划制定具体作业方法，连同注意事项，亲自向司机交递和传达；对其他有关人员，应亲自或指派连结员进行传达。

e）调车指挥人确认有关人员均已了解调车作业计划后，方可开始作业。

② 动车组、路用列车及机车、自轮运转特种设备需转线时，司机根据需要向列车调度员（车站值班员或车务应急值守人员）提出申请。列车调度员（车站值班员或车务应急值守人员）可不编制书面调车计划，但须将作业办法、内容和注意事项向司机传达、布置清楚并听取复诵无误，在准备好进路后，通知司机开始作业。

③ 调车作业必须做好下列准备：

a）提前核对计划及相关调度命令，确认进路；

b）进行车辆摘挂、转线的作业，提前检查线路、道岔（集中联锁区除外）、停留车及车辆防溜等情况；

c）准备足够的良好防溜器具；

d）无线调车灯显设备试验良好。

④ 动车段（所）调车工作的计划编制及下达办法由铁路局规定。

（4）动车组调车作业。

① 动车组进行调车作业时，原则上采用自走行方式，凭地面信号机的显示运行。

② 动车组禁止连挂其他机车车辆（救援机车、附挂回送过渡车以及动车组无动力调车时的调车机车、公铁两用牵引车除外）调车。

③ 动车组调车作业时，司机应在运行方向的前端操作，前方进路的确认由司机负责。

在不得已情况下必须在后端操作时，应指派随车机械师或其他胜任人员站在动车组运行方向的前端指挥，发现危及行车或人身安全时，应立即使用紧急停车按钮（紧急制动装置）或通知司机停车。

（5）动车组以外的调车作业。

① 调车作业时，凭地面信号机的显示运行。有调车指挥人时，凭调车指挥人的指令及地面信号机的显示运行，没有看到调车指挥人的起动信号，不准动车。

② 信号显示

a）调车作业时，调车人员必须正确及时地显示信号；机车乘务人员要认真确认信号，并回示。

b）推进车辆连挂时，要显示十、五、三车的距离信号，没有显示十、五、三车的距离信号，不准挂车，没有司机回示，应立即显示停车信号。

c）推送车辆时，要先试拉。车列前部应有人瞭望，及时显示信号。

d）当调车指挥人确认停留车位置有困难时，应派人显示停留车位置信号。

③ 除机车、自轮运转特种设备转线外，调车作业应有足够的调车人员。

a）施工路用列车、自轮运转特种设备调车作业时，由施工（使用）单位或所属单位提供调车动力和调车人员，具体办法由铁路局规定。其他调车作业，由车站人员担当调车人员或列车调度员指定单位派调车人员。

b）调车人员不足 2 人，不准进行调车作业。

④ 调车作业中，机车、自轮运转特种设备运行或牵引车辆运行时，前方进路的确认由司机负责；推进车辆运行时，前方进路的确认由调车指挥人负责，如调车指挥人所在位置确认前方进路有困难时，可指派调车组其他人员确认。

（6）在正线、到发线上的作业。

① 在正线、到发线上调车时，须经过列车调度员（车站控制时为车站值班员）准许。

② 接发列车时，应按高速铁路《行车组织细则》规定的时间，停止影响列车进路的调车作业和对列车运行安全有影响的其他作业。

③ 接发旅客列车时，与接发列车进路没有隔开设备或脱轨器的线路，不准向能进入接发列车进路的方向调车。本务机车在停留线路内摘挂除外。

④ 同一股道只允许一端调车作业，禁止两端同时向同一股道排列调车进路。

⑤ 调车作业中，应执行钩钩联系制度：每钩作业前，司机（调车指挥人）应主动向列车调度员（车站负责办理调车进路时为车站值班员或车务应急值守人员）请求进路；进路准备妥当后，列车调度员（车站值班员或车务应急值守人员）方可通知司机（调车指挥人）。

⑥ 越出站界调车。

a）越出站界调车时，必须区间（自动闭塞区间正方向为第一个闭塞分区）空闲，单线区间闭塞系统必须在发车位置；由列车调度员发布准许越出站界调车的调度命令后，方可进行。

b）越出站界调车期间，相邻站（线路所）禁止向该区间放行列车。越出站界调车作业完毕，司机或调车指挥人应报告列车调度员（车站负责办理调车进路时为车站值班员或车务应急值守人员）。车站值班员、车务应急值守人员应及时报告列车调度员，列车调度员通知两端站（线路所）后方可组织行车。

c）需在未设调车信号机的线路上调车作业时，根据需要可按越出站界调车作业办理，办理列车进路（进、出站信号机常态为灭灯时，应点灯），由列车调度员发布准许越出站界调车的调度命令，司机根据调度命令和进、出站信号机的显示进行调车作业。

2. 机车车辆的停留

（1）机车车辆停留。

① 有动车组以外的旅客列车上线运行的高速铁路，在动车组运行时段，除动车组、旅客列车车底及本务机车外，车站正线、到发线不应停留其他机车车辆。特殊情况下确需在到发

线停留时，由铁路局制定相应安全措施。

② 仅运行动车组列车的高速铁路，在动车组运行时段，车站正线、到发线不应停留动车组以外的其他机车车辆。特殊情况下确需在到发线停留时，由铁路局制定相应安全措施。

③ 临时停留公务车线路上的道岔应开通不能进入该线的位置并加锁。集中联锁的道岔可在控制台上进行单独锁闭。

④ 安全线上禁止停留机车车辆。

（2）机车车辆防溜。

① 动车组防溜

a）动车组无动力停留时，有停放制动装置的动车组，由司机负责将动车组处于停放制动状态；动车组无停放制动装置或在坡度为20‰以上的区间无动力停留时，由司机通知随车机械师进行防溜，防溜时应使用铁鞋牢靠固定。

b）重联动车组在设置铁鞋（止轮器）防溜时，仅设置前列。

c）如需在同一股道内停留两列不重联的动车组时，两列动车组间应间隔不小于 20 m 的安全防护距离（动车段、动车所内的股道除外），并分别做好防溜。

d）动车段（所）内动车组防溜办法由铁路局规定。

② 车辆防溜

a）车辆在车站停留时，应连挂在一起，拧紧两端车辆的人力制动机，并以铁鞋牢靠固定。特殊情况下分组停放时，应分别采取防溜措施。

b）一批作业中临时停留的车辆，须拧紧两端车辆的人力制动机或以铁鞋止轮。

c）调车作业实行“谁作业、谁防溜（撤除）”的原则，防溜措施的设置和撤除由调车人员（机车及自轮运转特种设备为司机，其他无调车人员的为设备使用单位人员）负责。

③ 机车及自轮运转特种设备在车站停留时，由司机负责将其保持制动（防溜）状态，并按规定采取止轮措施。

④ 施工路用车辆及自轮运转特种设备需在车站停留时，使用单位应派人负责看守。

其他车辆在车站到发线停留时，由车站人员（车务应急值守人员或其他胜任人员）对其防溜措施进行检查、确认。

（3）防溜器具管理。

① 车站行车室必须配备足够良好的防溜器具，由车站值班员（车务应急值守人员）负责保管和交接。有关作业人员领取、使用、交回时，须办理登记交接手续，领取（交回）人与保管人共同清点数量、编号无误，确认状态良好后分别签认。

② 车站值班员（车务应急值守人员）须在行车室对停留车及其防溜情况进行揭示。

作业人员采取或撤除防溜措施后，应立即告知车站值班员（车务应急值守人员），一批作业结束后双方进行签认。

项目5
高速铁路调度指挥

知 识 点

高速铁路调度机构与职责

高速铁路调度日计划与日常运输组织

高速铁路调度命令

技能目标

掌握高速铁路调度机构与职责

掌握高速铁路调度日计划与日常运输组织的相关规定

掌握高速铁路调度命令的相关规定

任务 5.1　高速铁路调度机构与职责

1. 高速铁路调度工作概述

（1）现代高速铁路调度体系向综合型、智能型、集中型的方向发展，其涵盖运输规划、运输管理、运行控制、运行维护、运力资源优化配置等与高速列车运行密切相关的领域，向控制与管理一体化方向发展。

（2）铁路运输调度工作，遵循“分级管理、统一指挥”的原则。铁路局集团公司（铁路局）与铁路局集团公司间由中国国家铁路集团有限公司（国铁集团）统一指挥，铁路局管内各区段间由各铁路局统一指挥，一个区段内由本区段列车调度员统一指挥。高速铁路设有调度集中设备，正常情况下，列车调度员可以利用该设备直接操纵集控站的道岔和信号，可以随时了解区段内各站接发列车进路、道岔、信号和列车运行情况。

（3）高速铁路调度指挥系统为一体化综合系统，由计划编制子系统、运行管理子系统、动车组管理子系统、供电管理子系统、旅客服务子系统、综合维修子系统组成，遵循以准确的运输计划为核心，实行基本计划、实施计划和运行实绩的统一管理，采用分散自律型结构，通过自动控制方式及时准确地实施调度员的指挥意图，满足高速、高密度运行的需求。高速铁路调度指挥系统业务结构如图 5–1 所示。

2. 高速铁路调度指挥系统层次

1）中国国家铁路集团有限公司调度中心（管理层）

中国国家铁路集团有限公司设调度中心，管理并组织全路运输生产，负责组织基本运行计划的编制，安排重要生产任务，处置重大突发事件，监视、协调全路运输生产，必要情况下接管高铁调度所的调度指挥。

2）高铁调度所（调度层）

各铁路局集团公司设调度所，根据中国国家铁路集团有限公司调度中心的指令和基本运行计划编制管辖范围内的列车运行计划、动车组运用计划、乘务管理计划、供电计划和维修施工计划，监视、调整、控制列车运行，及时处置各类运行异常情况，管理各类维修作业，组织事故救援和抢险，发布运输指令和行车命令。汇总、统计、分析、上报各类运输指标。高铁调度所是高速铁路运输组织和调度指挥的主要实施机构，一方面通过各专业控制系统对基础设施、移动设备实施监控，另一方面负责对横向业务进行整合，并通过高速铁路调度集成平台实现各高铁调度所间及与国铁集团调度中心间的互联互通，形成完整的高速铁路调度指挥系统。

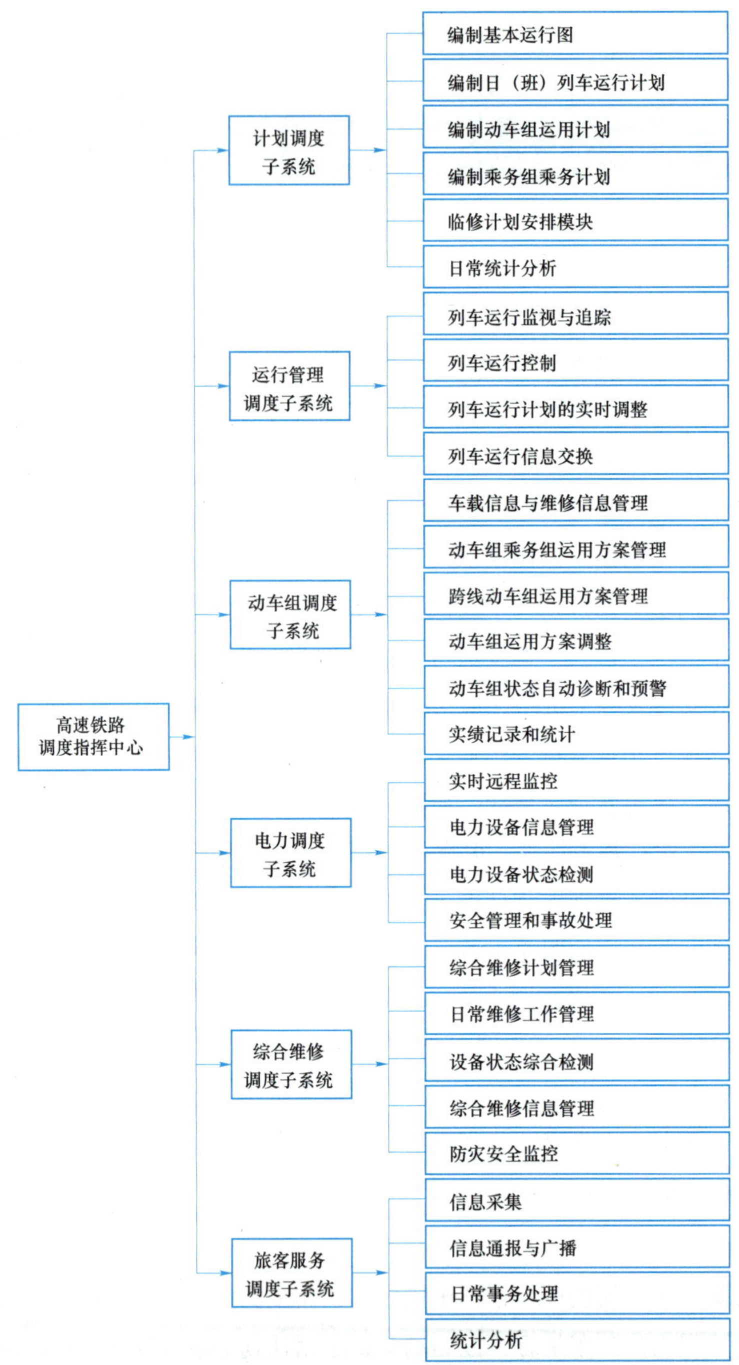

图 5–1　高速铁路调度指挥系统业务结构

3）站、段、所、车（执行层）

接收高铁调度所的指挥和控制，按照调度指令办理各类作业。特殊情况下直接办理本级作业。

3. 高速铁路各级调度机构与职责

1）中国国家铁路集团有限公司高速铁路调度组织机构与职责

中国国家铁路集团有限公司调度中心的高速铁路调度机构设值班主任一名，下设行车调度台和动车调度台，如图 5–2 所示。

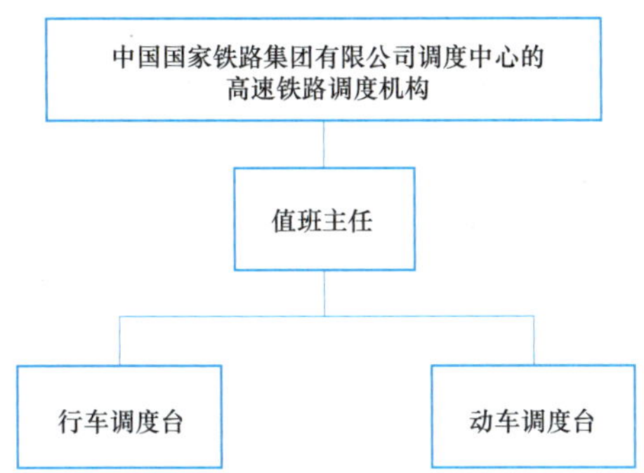

图 5–2 中国国家铁路集团有限公司调度中心的高速铁路调度机构

中国国家铁路集团有限公司调度中心的高速铁路调度机构的主要职责范围如下。

（1）按规定对铁路局调度安全指挥进行监督管理和监督检查工作。维护调度纪律，检查各铁路局调度执行国铁集团调度命令和规章制度的情况，对违令、违章造成不良后果的单位和人员进行通报批评并提出处理意见。

（2）负责全路高速铁路日常旅客运输组织工作。经济合理地使用动车组，组织各铁路局及时输送旅客，充分利用运输能力，挖掘运输潜力，提高运输效率和效益。

（3）检查各铁路局高铁调度日计划执行情况。

（4）监督、检查各铁路局按列车运行图行车，及时协调处理铁路局间高铁运输工作中出现的问题。

（5）掌握各铁路局动车组配属、转属、借用、调动、运用及检修情况。

（6）掌握动车组列车的运行情况，收集、分析晚点原因，组织有关铁路局及相关单位（人员）采取措施，恢复运行秩序。

（7）了解旅客列车票额利用情况；处理跨铁路局（简称跨局）动车组列车的临时加开、停运、变更径路、途中折返、变更编组、变更客运业务停站等工作；根据需要安排跨局试运行列车开行及动车组回送等；组织和部署专运、中央大型会议及重点任务的乘车计划，并掌握运行情况。

（8）组织和掌握军运、特运工作，安排新兵和退役士兵运输，重点掌握相关动车组列车始发、运行情况。

（9）负责国铁集团抢险救灾物资、人员运输组织工作，跟踪掌握相关运输情况。

（10）负责审批国铁集团管理施工项目的日计划，组织各铁路局兑现施工日计划。

（11）掌握各铁路局调度工作情况，检查各铁路局日常运输工作完成情况。

（12）检查、通报安全情况，及时收取、掌握铁路交通事故、设备故障、自然灾害等突发事件信息，按规定进行应急处置，通报信息、组织救援、调整运输等工作。负责调动跨局的救援列车、救援队。

（13）负责国铁集团高铁日常运输工作完成情况和调度安全监督检查情况的分析工作，及时总结、推广调度工作先进经验。

（14）负责检查、指导铁路局高速铁路调度基础管理和技术培训工作，规范高速铁路调度管理，加强队伍建设。

（15）负责高铁调度信息化需求管理，积极采用、推广先进技术和设备，组织调度信息系统的开发与应用，负责调度信息系统的运用管理，促进调度指挥工作现代化。

2）铁路局集团公司高速铁路调度组织机构与职责

铁路局集团公司调度所的高速铁路调度机构设值班主任、值班副主任，下设计划调度台、列车调度台、动车调度台、供电调度台、施工调度台，如图 5–3 所示。

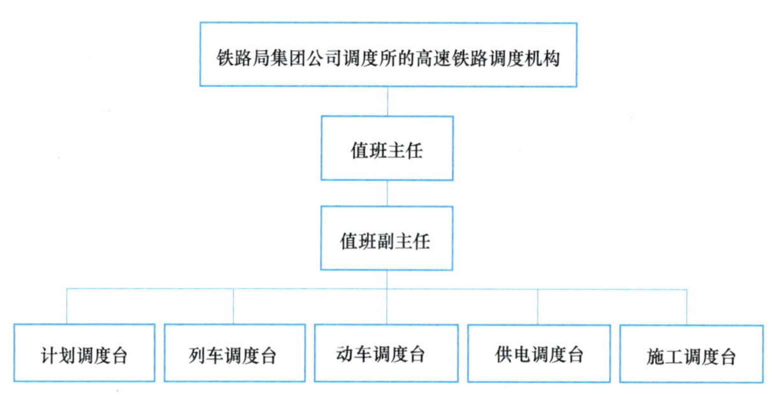

图 5–3　铁路局集团公司调度所的高速铁路调度机构

铁路局集团公司调度所的高速铁路调度机构的主要职责范围如下。

（1）在国铁集团调度的集中统一指挥下，负责铁路局管内高速铁路运输组织和调度指挥工作。

（2）严格执行各项规章制度、安全管理制度和安全卡控措施，遵守和维护调度纪律，及时处理影响行车安全的有关情况，保证调度指挥安全。

（3）负责铁路局管内高速铁路日常旅客运输组织工作。组织铁路局管内各运输生产单位密切配合、协同动作，经济合理地使用机车车辆，充分利用运输能力，挖掘运输潜力，压缩运输成本，提高运输效率和效益，完成运输生产经营任务。

（4）负责编制和下达铁路局高速铁路调度日计划，并组织有关站段落实，提高计划兑现率。

（5）负责组织铁路局管内各站段按列车运行图行车，及时协调处理铁路局管内高速铁路运输工作中出现的问题。

（6）掌握管内动车组配属、转属、借用、调动、运用、检修情况。

（7）组织旅客列车按列车运行图正点运行，遇晚点时，积极采取措施，组织相关单位（人员）恢复运行秩序，做好正晚点分析并上报国铁集团。

（8）掌握铁路局票额利用、旅客列车开行及运行情况，重点掌握重点旅客列车的运行情况及旅客列车超员情况；处理动车组列车的临时加开、停运、变更径路、途中折返、变更编组、变更客运业务停站等工作；组织落实专运及重点任务，并掌握运行情况。根据需要组织和落实试运行列车开行及动车组回送等工作。

（9）组织完成铁路局管内军运、特运工作，组织落实新兵和退役士兵运输任务，重点掌握相关动车组列车始发、运行情况。

（10）负责铁路局管内抢险救灾物资、人员运输组织工作，跟踪掌握相关运输情况。

（11）负责编制、下达铁路局高铁施工、维修日计划，发布运行揭示调度命令和施工、维修作业的调度命令，协调组织施工、维修作业按计划进行。

（12）向国铁集团调度报告铁路局调度工作情况，检查铁路局管内各站段运输工作完成情况。

（13）及时收取、上报铁路交通事故、设备故障、自然灾害等突发事件信息，按规定进行应急处置，通报信息、组织救援、调整运输等工作。负责调动救援列车、救援队或向国铁集团调度申请跨局调动救援列车、救援队。

（14）检查各站段执行调度命令和规章制度的情况；对违令、违章的单位和人员进行通报批评并提出处理意见。

（15）负责铁路局高速铁路日常运输工作完成情况和调度安全工作情况的分析工作，及时总结、推广调度工作先进经验。

（16）负责铁路局高速铁路调度基础管理和技术培训工作，规范高速铁路调度管理、加强队伍建设，指导站段调度开展日常运输生产工作。

（17）负责铁路局调度信息化需求管理，组织调度信息系统的实施应用，负责调度信息系统的运用管理，积极采用、推广先进技术和设备，促进调度指挥工作现代化。

3）铁路局集团公司各高速铁路调度岗位的工作职责

高速铁路由于技术装备先进，作业环节少，自动化程度高，列车调度员可以直接指挥列车司机，调度指挥效率大大提高。高速铁路调度台设有列车调度员和助理调度员两名。正常情况下以分散自律控制模式作为基本行车模式，由列车调度员负责直接指挥和办理调度集中控制区段有关行车工作，司机等相关人员直接向列车调度员报告有关行车工作。

高速铁路车站设应急值守人员（分为车务应急值守人员和电务应急值守人员），车务应急值守人员在车站行车监控室（设置有调度集中车站控制终端的处所）值守。

（1）高速铁路值班副主任的主要职责。

① 在调度所值班主任的领导下，负责管辖范围内高速铁路运输生产的集中统一指挥，协调高速铁路各线间，高速铁路与普速铁路间的运输工作，加强与相邻铁路局调度所间的工作联系，并向国铁集团高速铁路调度汇报有关工作。

② 严格执行各项规章、文件、电报、命令和安全管理制度。

③ 掌握高速铁路列车安全正点情况，遇涉及动车组及高速铁路的非正常行车组织、应急处置等情况时，上台（调度台）加强组织指挥。

④ 掌握相关区段综合维修计划、试验列车开行、动车组回送情况。

⑤ 负责审核管内高速铁路动车组列车加开、停运、回送等计划。遇非正常情况时，指导相关调度调整列车开行计划（含客运业务停站股道运用计划）、动车组车底运用计划。

⑥ 组织协调相关工种调度制定并实施管辖范围内高速铁路站车滞留旅客疏导方案，及时协调处置高速铁路站车发生的与客服相关的突发事件。

⑦ 负责管内救援用动车组列车的调用。需要跨局调动救援列车时，向国铁集团调度申请。

⑧ 掌握高速铁路重点任务运输情况，协助列车调度员做好列车运行组织和调整。遇有突发情况，立即向国铁集团报告。

⑨ 组织实施应急指挥中心确定的救援和处置方案；协调相关单位实施救援、抢修、抢救。

⑩ 根据文件、电报、有关单位申请，审核管辖范围内动车组试验运行计划，审批施工天窗内的临时施工、维修作业计划。

⑪ 负责国铁集团调度命令申请单的审核，并督促有关工种调度转发国铁集团的调度命令。

⑫ 负责高速铁路安全信息的收集、通报，以及高速铁路列车正点统计分析上报工作。

⑬ 完成领导临时交办的工作和任务。

（2）列车调度员（列车调度岗位）的主要职责。

① 严格执行各项规章、文件、电报、命令和安全管理制度。

② 接收调度日计划，负责本调度区段行车指挥工作，编制和下达列车运行调整计划，组织并监控列车运行，调整列车运行计划和到发线使用计划。

③ 负责与相邻调度台交换列车运行计划。

④ 掌握管辖范围内车站及列车的技术设备和作业过程，注意列车的运行情况、掌握重点列车运行信息，正确及时地发布与行车指挥有关的调度命令、行车凭证和口头指示。

⑤ 需人工办理进路时，负责布置进路，并听取进路准备妥当的汇报，确认进路正确。

⑥ 转为非常站控时，负责向车站应急值守人员下达列车运行调整计划（包括车次、股道、方向、到开时刻）、布置进路并听取进路准备妥当的汇报，调度集中控制（CTC）终端能够正常显示时需与助理调度共同确认进路正确；收取列车到发时刻（能通过计算机报点的除外）。

⑦ 遇发生铁路交通事故、设备故障、自然灾害、防灾安全监控系统报警及列车报告异常

信息等情况时，正确、及时处理，通报信息，并按规定填写安监报-1。

⑧ 掌握救援列车的分布情况，根据值班（副）主任的指示，及时发布救援列车运行的调度命令。

⑨ 针对列控限速调度命令（数据格式），与助理调度员执行“二人确认制度”。

⑩ 完成领导临时交办的工作和任务。

（3）计划调度员的主要职责。

① 严格执行各项规章、文件、电报、命令和安全管理制度。

② 了解客流变化，掌握管辖范围内动车组配属、备用、运用情况，落实动车组列车开行方案。

③ 掌握相关区段综合维修计划、试验列车开行、动车组回送情况。

④ 汇总、编制调度日计划并及时上报，接收国铁集团审批下达的日计划。

⑤ 与相邻铁路局调度所交换日计划及有关资料。

⑥ 在客运部的指导下，根据客流需要，发布动车组列车临时加开、停运、途中折返、编组调整、定员变化、变更客运业务停站和紧急情况下的票额调整等调度命令。跨铁路局时，向国铁集团高速铁路调度提出调度命令申请。

⑦ 遇非正常情况，会同相关调度调整列车开行计划（含客运业务停站股道运用计划）、动车组车底运用计划。

⑧ 组织管辖范围内高速铁路运输中有关军事运输工作，安排新老兵乘车计划，重点掌握相关高速铁路动车组安全正点情况。

⑨ 完成领导临时交办的工作和任务。

（4）客服调度员的主要职责。

① 严格执行各项规章、文件、电报、命令和安全管理制度。

② 加强与各工种调度联劳协作，解决调度辖区内站车上报的与客运服务相关的各类事宜，及时处置高速铁路站车发生的与客运服务相关的突发事件。

③ 掌握管辖范围内动车组配属、备用、运用情况，了解管内高速铁路客票发售情况、主要客运站客流波动、动车组列车席位利用及动车组列车的运行情况。

④ 掌握管内运行的动车组列车客运乘务信息及动车组库内保洁计划，遇列车运行计划调整时，及时组织调整本局担当动车组列车客运乘务（含餐服、保洁人员）计划；会同动车调度，及时组织调整动车组库内保洁计划。

⑤ 遇有动车组列车晚点时，加强与相关工种调度的联系，组织各部门加强协作，采取有效措施，减少晚点影响。

⑥ 遇有灾害、事故中断行车或发生设备故障等原因造成动车组不能继续运行时，会同相关工种调度，根据相关动车组列车调整计划、客票发售、动车组备用及邻近客车车内人数等

情况，及时制定旅客疏导方案，指导相关单位做好列车上水吸污、折返保洁、备品交接、餐饮供应、退票改签、旅程接续、重点旅客安排等客运服务工作。

⑦ 接收上级或相关调度所发出的命令或信息，收取辖区内车站、列车上报的与客运服务相关的信息［当班列车列车长姓名、电话；滞留列车简要情况：车次、担当局（段）、滞留时间、地点、列车滞留地点地质灾害或水害等情况；车内旅客情况：总人数、分席别人数、重点旅客人数及状况；餐料、可供餐次数；其他认为需要报告的事项等］。向上级及相关调度所通报或直接向站车和铁路客户服务中心发布自然灾害、行车事故、设备故障等原因造成的列车晚点信息（晚点原因、目前晚点时间、预计晚点时间等）等客服信息。

⑧ 协助做好有关军事运输、新老兵运输及中央大型会议等重点任务的客运服务。

⑨ 负责旅客（动车组）列车客运服务及正点分析和上报工作；及时记录收集、整理分析客服方面存在的各类问题，提出改进意见。收取站车客运服务的有关资料、站车典型事例等情况。

⑩ 完成领导临时交办的工作和任务。

（5）车务应急值守人员的职责。

① 正常情况下，在行车监控室值守和间休，不参与行车作业。每班 24 h 工作制的，班中休息时间为 8 h。车务应急值守人员应坚守岗位，不得擅自离开行车监控室。遇特殊情况需要临时离开时，必须报告列车调度员及车站值班干部并得到批准，明确联系方式后，方可离开。

② 在设备故障、施工维修、非正常行车等情况下，由分散自律控制转为非常站控时，车务应急值守人员根据列车调度员指示，担当车站值班员，指挥车站有关行车工作，具体负责办理以下行车作业。

a）向司机等相关人员递交书面调度命令。

b）组织相关人员现场准备进路。

c）组织相关人员对故障设备进行检查、确认。

d）按规定对站内到发线停留车辆的防溜措施进行检查、确认。

e）在特殊情况下与司机办理故障车、事故车有关随车运输票据和回送单据的交接、保管工作。

f）组织应急救援，完成信息传递和其他需现场了解、检查确认的工作。

（6）动车调度员的主要职责。

① 严格执行各项规章、文件、电报、命令和安全管理制度。

② 掌握本局管内动车组配属、转属、借用及车底到位等情况；掌握本局管内当日动车组运用检修、备用、热备、试运、回送、试验计划。

③ 负责编制动车组车底运用日计划，并组织落实。遇列车运用计划变更时组织调整车底运用计划。掌握本局管内动车组车底运用周转情况，组织动车段实施日计划。

④ 掌握日常运用动车组随车机械师乘务信息，掌握热备动车组停放位置和车底变更、临时开行等情况。

⑤ 监控本局所属动车组及在管内运行动车组列车的运行情况，及时收取故障信息报告。接到动车组故障信息后，立即向中国国家铁路集团有限公司动车调度部门和有关领导汇报，通报相关专业调度员和相关铁路局集团公司动车调度员，并及时做出判断，采取妥当的应急处置措施。

⑥ 监控动车组出、入段及列车始发、终到情况。出现晚点时，负责组织车底运用、检修的调整工作。因动车组故障或其他原因影响本局管内车底正常交路时，组织车底交路调整、热备启用工作。

⑦ 掌握运用动车组故障情况，协调回送工作。掌握故障动车组的入库检修情况，督促动车段进行原因分析并上报中国国家铁路集团有限公司动车调度部门。

⑧ 动车组需要异地检修时，协调有关单位组织实施；需跨局检修时，上报中国国家铁路集团有限公司动车调度部门。

⑨ 掌握本局管内动车组定期检修计划。负责检查、督促本局管内动车段合理制订动车组在段检修计划。

⑩ 负责动车组相关调度命令的发布。跨局时，向中国国家铁路集团有限公司动车调度部门提出命令申请。

⑪ 掌握管内动车组运用、检修能力，以及每日运用、检修基本情况，检查、督促动车段制订检修计划，保证动车组科学、合理检备。

⑫ 负责动车组管理信息的监控，定期对动车组检修、运用数据进行汇总、统计、分析和上报。

⑬ 完成领导临时交办的工作和任务。

4. 高速铁路调度工作报告制度

为贯彻调度工作“分级管理、统一指挥”的原则，加强各级调度部门间的工作联系，加强调度与安全检察、业务部门之间的信息沟通，基层单位（人员）应及时报告工作信息。调度部门应准确掌握工作进度和安全信息，及时处理发生的问题。

1）基层单位（作业人员）向铁路局调度报告

（1）司机等相关人员应直接向列车调度员报告有关行车工作；在非集控站及转为车站控制的集控站，应向车站值班员报告，对重点事项和安全信息，车站值班员及时报告列车调度员。

（2）当施工、维修作业不能按计划结束时，作业负责人应提前 30 min 向列车调度员（在调度所登记时）或车站值班员（在车站登记时）汇报。

（3）发生影响客运服务的突发情况，车站由站长、客运值班员或综控室值班员，列车由列车长及时向客服调度员汇报。

（4）客运段及时向客服调度员汇报客运乘务计划落实及变化情况。

（5）动车段调度员及时向动车调度员汇报车底运用、备用、检修、乘务计划落实及变化情况。

（6）机务段调度员及时向动车调度员汇报乘务计划落实及变化情况。

2）铁路局调度向国铁集团调度报告

（1）每日 9:00（21:00）前，值班副主任向国铁集团调度报告接班后的管内运输情况及重点事项。

（2）铁路局各工种调度及时向国铁集团相关工种调度报告各项规定的内容。

（3）安全情况和重要事项应随时报告。

当上级调度向下级调度和运输生产单位了解有关运输情况时，有关人员应及时汇报。

铁路局调度接到铁路交通事故、行车设备故障等安全信息后，应按规定填写《铁路交通事故（设备故障）概况表》（安监报 1），及时报国铁集团调度，并通过铁路安全监督管理信息系统及时报送铁路局安全监察部门。

3）客运工作报告

为准确掌握客运工作情况，及时处理发生的问题，车站客运计划员、客运段派班员、铁路局客服调度员必须严格执行报告制度，除按规定上报有关资料外，凡发生下列情况之一时必须逐级向上级客服调度员报告。

（1）发生自然灾害或发生事故中断行车，及时上报相关客运事项。

（2）发生旅客、路内客运职工伤、亡事故，由于站车设备损坏或其他原因造成人员伤亡。

（3）车站和旅客列车发生火情、火灾。

（4）旅客列车因机车、车辆发生事故造成甩车或长时间修理造成列车晚点。

（5）售票系统发生故障不能正常售票。

（6）车站和列车票款、票据被抢、被盗。

（7）发生群体性拦截旅客列车事件。

（8）站、车之间发生纠纷或其他原因影响旅客列车运行。

（9）站、车发生意外情况，工作人员不能正常作业。

（10）因误售车票出现旅客误乘、漏乘。

（11）因错、漏传调度命令，错挂或漏挂车辆，造成旅客不能正常乘车。

（12）客运工作中出现“好人好事”的典型事例。

（13）其他需要及时上报的客运工作事项。

凡与相邻铁路局有关的命令均应抄知相邻铁路局。

任务 5.2　高速铁路调度日计划与日常运输组织

1. 调度日计划

（1）调度日计划是一日内的运输工作计划，包括列车开行计划和施工、维修计划。

（2）调度日计划主要内容。

① 列车开行计划主要内容：

a）列车开行车次。

b）临时定点列车始发站、终到站、沿途客运业务办理站及其到（发）时分、动车组股道运用计划。

c）开行动车组列车所对应的车组（型号、车组号）、动车组车底运用方案及路用列车开行计划。

d）重点事项。

② 施工计划主要内容：

a）施工编号、等级、项目。

b）施工日期、作业内容、地点（含线别、区间、车站、股道、道岔、行别、里程）和时间。

c）施工限速、影响范围、行车方式变化及设备变化。

d）施工单位（含配合单位）、施工负责人。

e）路用列车进出区间方案。

f）区间及站内装卸路料计划。

③ 维修计划主要内容：

维修计划主要包括作业项目、地点、时间、作业单位、配合作业单位、作业负责人、影响范围、路用列车进出区间方案等。

（3）调度日计划编制的主要依据：

① 基本列车运行图（包括分号列车运行图）。

② 有关文件、电报、调度命令。

③ 动车组运用（车型、组数）、检修计划及回送申请。

④ 月度施工计划（含临时文电批复的）及主管业务处提报的施工计划、路用列车开行、设备维修作业计划申请。

2. 日常运输组织

（1）有关行车人员必须执行列车调度员命令、口头指示，服从调度指挥。

（2）列车调度员负责组织实现列车运行图、调度日计划，应做到：

① 检查列车运行图和调度日计划的执行情况，及时发布有关调度命令和口头指示；

② 严格按列车运行图指挥行车，遇列车发生晚点时，应积极采取措施，组织有关人员恢复正点；

③ 注意列车运行情况，正确、及时地处理临时发生的问题。

（3）列车按运输性质的分类和运行等级顺序如下：

① 按运输性质分类

a）旅客列车（动车组列车，特快、快速、普通旅客列车等）；

b）路用列车。

② 列车运行等级顺序

列车运行等级顺序原则上按速度等级从高到低排序，同速度等级的列车原则上按以下等级顺序：

a）动车组列车；

b）特快旅客列车；

c）快速旅客列车；

d）普通旅客列车；

e）路用列车。

开往事故现场救援、抢修、抢救的列车，应优先办理。

特殊指定的列车或列车种类，其等级应在指定时确定。

任务 5.3 高速铁路调度命令

（1）铁路总公司、铁路局调度在组织指挥日常运输工作中，应及时正确发布与运输有关的调度命令，下级调度以及行车有关单位、人员必须执行。

（2）指挥列车运行的命令（运行揭示调度命令除外）和口头指示，只能由列车调度员发布。

遇表 5–1 所列情况，须发布调度命令。

表 5–1 行车调度命令项目表

序号	命令项目	受令者	
		司机	车站值班员
1	封锁、开通区间		○
2	向封锁区间开行救援列车、路用列车	○	○
3	临时变更或恢复原行车闭塞法		○
4	停止使用基本闭塞法发出列车	○	○
5	双线反方向行车、由双线改为单线或恢复双线行车	○	○
6	变更列车径路	○	○
7	动车组列车在区间被迫停车后返回（退回）后方站	○	○
8	向区间发出停车作业的列车	○	○
9	在车站、区间临时停车上、下人员	○	○
10	列车需临时降弓运行	○	○
11	因行车设备故障、灾害或施工，以及列车中挂有限速的机车车辆等，需要使列车临时限速运行（纳入运行揭示调度命令或本务机车、动车组自身设备原因限速时除外）	○	○
12	动车组列车空调失效需打开部分车门限速运行	○	○
13	车站使用总辅助按钮		○
14	准许列车越过故障的进站、出站、进路信号机或线路所通过信号机（能开放引导信号时除外）	○	○
15	调度日计划以外，临时加开或停运列车（单机除外）	○	○
16	按地面信号显示运行的列车改按天气恶劣难以辨认信号的办法行车或恢复正常行车	○	○
17	动车组列车转入或退出隔离模式（被救援时除外）	○	○

续表

序号	命令项目	受令者	
		司机	车站值班员
18	动车组列车在列控车载设备控车和 LKJ 控车之间人工转换	○	○
19	越出站界调车	○	○
20	利用天窗施工、维修作业		○
21	施工、维修作业较指定时间延迟结束		○
22	运行揭示调度命令与实际限速、行车方式或设备不符时	○	○
23	正线、到发线接触网停电或送电（接触网倒闸、跳闸后试送电、向中性区送电或弓网故障排查除外）		○
24	正线、到发线接触网停电后准许登顶作业	○	○
25	动车组列车按隔离模式运行需以不超过 80 km/h 的速度越过接触网分相	○	
26	双管供风旅客列车运行途中改为单管供风	○	○
27	列车调度员认为有必要记录的上述以外的命令		有关人员

注：1. 划○者为受令人员。

2. 受令者为车站值班员的调度命令，不发给集控站车务应急值守人员；集控站转为车站控制由车站值班员指挥行车时应发给车站值班员，并须将前发有关调度命令一并发给车站值班员。

3. 动车组列车改按 LKJ 方式运行需将列控车载设备隔离时，列车调度员仅发布改按 LKJ 方式行车的调度命令。

4. 仅发给车站值班员的命令只涉及集控站时不发布（转为车站控制时除外）。因调车作业动车组控车模式转换，不发布调度命令。

上述调度命令如涉及其他单位和人员时，应同时发给。

（3）发布调度命令的基本规定：

① 调度命令发布前，应详细了解现场情况，听取有关人员的意见，命令内容、受令处所必须正确、完整、清晰。

② 使用计算机、传真机发布调度命令时，命令接受人员确认无误后应及时反馈回执。

③ 使用电话发收调度命令时，应填记《调度命令登记簿》，指定受令人员中一人复诵，并记明发收人员姓名及时刻。

④ 列车调度员应使用调度命令无线传送系统向司机发布书面调度命令，司机应及时签认接收，不再与列车调度员核对，有疑问时，须立即询问列车调度员。调度命令无线传送系统故障时，可按规定使用语音记录装置良好的列车无线调度通信设备发布，司机接到命令后，须与列车调度员核对。由车站交付的调度命令，车站值班员可使用调度命令无线传送系统或按规定使用语音记录装置良好的列车无线调度通信设备向司机转达。

⑤ 已发布的调度命令，遇有错、漏或变化时，必须取消前发命令，重新发布全部内容的

调度命令。

（4）发布行车调度命令的规定：

① 调度命令必须在列车进入关系区间（站）前交付；在未确认司机已收到调度命令（得到回执）前，不得开放发接该次列车的出站或进站信号。

② 作为行车凭证的调度命令，在接发列车进路准备妥当后，方可向司机发布（转达）。

③ 使用调度命令无线传送系统传送行车凭证，列车调度员办理接发列车时，由列车调度员传送，车站值班员办理接发列车时，由车站值班员传送。

④ 对跨铁路局（调度台）的列车，接车局（调度台）列车调度员可委托邻局（调度台）列车调度员转发调度命令，接车局（调度台）要将需转发的调度命令号码和内容发给邻局（调度台），邻局（调度台）将受令情况向接车局（调度台）列车调度员通报。

⑤ 遇调度命令需跨铁路局（调度台）执行时，发布调度命令的列车调度员须发布给列车担当全区段的调度命令，需要列车运行前方各调度指挥区段掌握和执行的调度命令，还应将调度命令抄知相关调度台。

⑥ 更换机车或变更限速条件时，应由有关铁路局列车调度员重新发给相关调度命令。途中乘务人员换班时，应将调度命令内容交接清楚。

（5）发布施工、维修作业调度命令的规定：

① 列车调度员根据施工、维修日计划及开始作业的请求，发布准许进行施工、维修作业调度命令。

② 施工作业结束并销记后，列车调度员应及时发布施工作业结束的调度命令。天窗维修作业在指定时间内完成销记时，列车调度员不再发布维修作业结束的调度命令。

③ 施工开通后有第 1、2、3……列限速要求的列车，由列车调度员单独发布限速调度命令，可不设置列控限速。

④ 因施工提前、延迟或其他原因造成运行揭示调度命令与实际限速、行车方式或设备不符时，列车调度员应取消前发运行揭示调度命令，向有关司机、车站值班员、施工负责人重新发布全部内容的调度命令；相符时仍按前发运行揭示调度命令执行。

（6）发布运行揭示调度命令的规定：

① 运行揭示调度命令是指由调度所施工调度发布的涉及限速、行车方式发生变化和设备变化的调度命令。

② 运行揭示调度命令应包括时间、地点、因由、速度、行车方式变化、设备变化等内容，机务部门应根据运行揭示调度命令及时将有关内容写入 IC 卡。

③ 发布运行揭示调度命令，不得含有与受令处所无关的内容和命令。

项目6
高速铁路非正常行车组织

知识点

限速管理

灾害天气行车

设备故障行车

其他突发情况行车

列车救援

技能目标

掌握限速管理的相关规定

掌握灾害天气行车的相关规定

掌握设备故障行车的相关规定

掌握其他突发情况行车的相关规定

掌握列车救援的相关规定

任务6.1　限速管理

（1）列控限速设置。

① 列控限速按档分为不同的限速等级，最低为 45 km/h。

② 设置列控限速时，应按照不高于限速值的原则选择相应限速等级进行设置，但低于 45 km/h 的限速按 45 km/h 设置。

③ 列控限速的设置和取消按规定流程办理。

（2）如调度命令的限速值低于列控车载设备显示的目标速度时，动车组列车司机应按调度命令控制列车运行。遇实际限速与运行揭示调度命令（临时限速调度命令）限速相符，而列控限速归档造成列控限速与运行揭示调度命令（临时限速调度命令）限速不符时，列车调度员不再向动车组列车司机发布临时限速调度命令。

（3）对低于 45 km/h 的限速，装备 LKJ 的动车组列车，限速命令已写入 IC 卡时，动车组列车司机应根据调度命令在限速地段前一站停车改按 LKJ 方式运行，司机按限速调度命令和 LKJ 设置控制列车通过限速地段；未写入 IC 卡时，动车组列车司机应根据限速调度命令人工控制列车通过限速地段。未装备 LKJ 的动车组列车，动车组列车司机应根据限速调度命令人工控制列车通过限速地段。

（4）列控限速设置不成功时的处理。

① 对装备 LKJ 的动车组列车，列控限速设置不成功时，列车调度员应关闭（车站控制时为通知车站值班员关闭）进入该限速地段前一站的出站信号，发布动车组列车改按 LKJ 方式行车的调度命令。司机在该站停车转换为 LKJ 方式，按以下方式运行：

a）动车组列车司机在出乘前已收到该限速的运行揭示调度命令时，列车调度员与司机核对限速的运行揭示调度命令无误后，方可放行列车，司机按运行揭示调度命令和 LKJ 设置控制列车运行速度，通过限速地段。

b）动车组列车司机在出乘前未收到该限速的运行揭示调度命令时，列车调度员应向司机发布限速调度命令（最高不超过 40 km/h），核对无误后，方可放行列车。司机按限速调度命令人工控制列车通过限速地段。

② 对未装备 LKJ 的动车组列车，列控限速设置不成功时，列车调度员应关闭（车站控制时为通知车站值班员关闭）进入该限速地段前一站的出站信号，向司机发布限速调度命令（最高不超过 40 km/h），核对无误后，方可放行列车。司机按限速调度命令人工控制列车通过限速地段。

任务 6.2　灾害天气行车

1. 大风天气行车

（1）接到自然灾害及异物侵限监测系统风速监测子系统大风报警信息时的处置。

① 遇风速监测子系统提示大风报警信息时，列车调度员根据报警提示向相关列车发布限速运行的调度命令。对来不及发布调度命令的列车，立即通知司机限速运行。司机接到调度命令或通知后，应立即采取措施。

② 遇大风天气，当风速监测子系统发出禁止运行的报警信息时，列车调度员应及时关闭有关信号（车站控制时为通知车站值班员关闭有关信号）并通知司机停车。司机接到通知后，应立即采取停车措施。

③ 列车运行途中，遇大风，司机根据情况控制列车运行速度，并报告列车调度员。

列车调度员通知后续首列列车司机在该地段注意运行；列车通过该地段后，司机应及时向列车调度员报告。

④ 遇大风天气，列车调度员按风速监测子系统报警提示发布限速调度命令，遇风速不稳或同一地段多处风速报警时，列车调度员可合并设置，按最低限速值发布限速调度命令。

⑤ 风速监测子系统限速报警解除后，列车调度员应及时取消前发限速调度命令，恢复正常行车。

（2）动车组列车遇大风行车限速的规定如下：

① 在环境风速不大于 15 m/s 时，可以正常速度运行；环境风速不大于 20 m/s 时，运行速度不大于 300 km/h；环境风速不大于 25 m/s 时，运行速度不大于 200 km/h；环境风速不大于 30 m/s 时，运行速度不大于 120 km/h；环境风速大于 30 m/s 时，严禁动车组列车进入风区。

② 在线路中心线距站台边缘为 1 750 mm 的正线、到发线办理动车组列车通过时，在环境风速不大于 15 m/s 情况下，速度不得超过 80 km/h；当环境风速超过 15 m/s 时，动车组运行速度不得超过 45 km/h，并注意运行。

（3）自然灾害及异物侵限监测系统风速监测子系统故障时的处置。

① 列车调度员发现风速监测子系统故障时，应立即通知设备管理单位，并在《行车设备检查登记簿》内登记；设备管理单位发现风速监测子系统故障时，应立即报告列车调度员，并在调度所《行车设备检查登记簿》内登记。

② 风速监测子系统故障期间，故障区段如遇天气预报 7 级及以上大风天气时，工务部门

应及时向列车调度员提交天气预报信息，列车调度员按照天气预报的最大风级向相关列车发布限速调度命令。相关限速规定如下：当最大风速达 7 级时，运行速度不大于 300 km/h；8 级、9 级时，运行速度不大于 200 km/h；10 级时，运行速度不大于 120 km/h；11 级及以上时，禁止列车进入风区。限速里程由工务部门根据故障情况以及天气预报信息确定后，通知列车调度员。

2. 雨天行车

（1）接到自然灾害及异物侵限监测系统雨量监测子系统报警信息时的处置。

遇雨量监测子系统提示雨量监测报警信息时，列车调度员根据报警提示向相关列车发布限速运行的调度命令。对来不及发布调度命令的列车，立即通知司机限速运行。司机接到调度命令或通知后，应立即采取措施。

（2）列车通过防洪重点地段时，司机要加强瞭望，并随时采取必要的安全措施。动车组列车运行中，司机发现积水高于轨面时，应立即停车，根据现场情况与随车机械师共同确认行车条件或请求救援，并立即报告列车调度员（车站值班员），车站值班员报告列车调度员。列车调度员（车站值班员）立即通知已进入区间的后续列车停车（避免停在隧道内），不再向该区间放行列车。

当洪水漫到路肩时，列车应按规定限速运行；遇有落石、倒树等障碍物危及行车安全时，司机应立即停车，排除障碍并确认安全无误后，方可继续运行。

列车遇到线路塌方、道床冲空等危及行车安全的突发情况时，司机应立即采取应急性安全措施，并立刻通知追踪列车、邻线列车及列车调度员（邻近车站）。配备列车防护报警装置的列车应立即使用列车防护报警。

（3）遇有降雨天气，重点防洪地段 1 h 降雨量达到 45 mm 及以上时，列车限速 120 km/h；1 h 降雨量达到 60 mm 及以上时，列车限速 45 km/h。当 1 h 降雨量降至 20 mm 及以下、且持续 30 min 以上时，可逐步解除限速。

列车调度员在得到工务及其他相关专业调度台检查无异常的报告后，及时取消限速或解除线路封锁。

（4）自然灾害及异物侵限监测系统雨量监测子系统故障时的处置。

列车调度员发现雨量监测子系统故障时，应立即通知设备管理单位，并在《行车设备检查登记簿》内登记；设备管理单位发现雨量监测子系统故障时，应立即报告列车调度员，并在调度所《行车设备检查登记簿》内登记。雨量监测子系统故障期间，由工务部门根据降雨情况在调度所《行车设备检查登记簿》内登记限速或封锁。

3. 冰雪天气行车

（1）遇冰雪天气时的处置。

① 自然灾害及异物侵限监测系统雪深监测子系统报警雪深值达到警戒值时，列车调度员

应根据报警信息和限速提示及时向相关列车发布限速运行的调度命令。对来不及发布调度命令的列车，应立即通知司机限速运行。

未安装雪深监测子系统的区段或雪深监测子系统故障时，工务、电务部门根据降雪情况和需要，在调度所《行车设备检查登记簿》内登记限速申请，并可根据积雪量变化情况，提出提速或进一步限速的申请，列车调度员要及时发布调度命令。

② 安装动车组运行故障动态图像检测系统（TEDS）的区段，TEDS 监控中心要加强对动车组转向架结冰、积雪等情况的监测分析，发现动车组转向架结冰需限速运行时，应立即将车次及限速要求等按规定报告动车调度员。动车调度员通知列车调度员进行处置。

列车运行过程中，随车机械师发现动车组车底异响、动车组被击打等异常情况需要列车限速时，应立即通知司机限速。司机根据随车机械师的限速要求运行，并向列车调度员报告被击打地点里程，列车调度员不再发布限速调度命令。列车调度员通知动车调度员，提示后续首列列车司机、随车机械师在该被击打地点注意列车运行状态；动车调度员应立即通知前方 TEDS 监测点进行重点监测。列车通过该被击打地点后，司机、随车机械师应及时上报有关运行情况。

③ 降雪时，应根据线路积雪情况及时启用道岔融雪装置。降雪达到中雪及以上，车站道岔转动困难时，为减少道岔扳动，车站可采取固定接发车进路的方式办理接发列车作业，上下行各固定一条接发车进路。始发、终到列车较多的车站执行有困难时，可选择交叉干扰少、道岔位置改变少的几条线路相对固定办理接发车作业。较大客运站尽量停靠便于上水、吸污的线路。

④ 需人工上道除雪时，上、下道应执行登记签认制度。列车调度员应根据相关单位的申请，停止本线接发列车及调车作业，邻线列车限速 160 km/h 及以下。

⑤ 道床积雪、接触网结冰受电弓取流不畅时，司机应先采取减速措施，并及时向列车调度员汇报，列车调度员通知有关专业调度，专业调度及时通知有关设备管理单位，设备管理单位及时查明情况，按规定提出限速申请，列车调度员及时发布限速调度命令。

⑥ 供电部门应掌握接触网导线结冰情况，需要列车限速时，应立即登记《行车设备检查登记簿》，向列车调度员提出限速申请。需要接触网除冰时，供电部门提出除冰申请，列车调度员应及时安排接触网除冰车辆上线运行。

遇接触网导线覆冰时，可取消天窗停电作业，并在天窗时间内开行动车组、单机，进行热滑融冰。

⑦ 随车机械师在始发、折返站发现动车组转向架结冰、受电弓无法升起、动车组被击打等异常情况需要处理时，应及时通知司机，由司机报告列车调度员，列车调度员通知动车调度员，动车调度员根据随车机械师反映情况和车辆运用情况提出更换车底或限速申请，并组织入库动车组除雪融冰。

⑧ 降雪结束后，提出限速的设备管理单位应做好对有关行车条件的检查确认，及时恢复常速运行。在具备提速条件或限速情况消除时，应向列车调度员提出申请，列车调度员及时发布相关调度命令。雪后恢复常速运行的具体程序和办法由铁路局规定。

⑨ 列车调度员发现雪深监测子系统故障时，应立即通知设备管理单位，并在《行车设备检查登记簿》内登记；设备管理单位发现雪深监测子系统故障时，应立即报告列车调度员，并在调度所《行车设备检查登记簿》内登记。

（2）冰雪天气限速要求。

① 当运行区段降中雪或积雪覆盖轨枕板或道砟面时，无砟轨道区段限速 250 km/h 及以下，有砟轨道区段限速 200 km/h 及以下；当运行区段降大雪、暴雪时，无砟轨道区段限速 200 km/h 及以下，有砟轨道区段限速 160 km/h 及以下。中雪、大雪、暴雪的界定，以气象部门公布或观测为准。

当无砟轨道区段轨枕板积雪厚度 100 mm 以上时，限速 200 km/h 及以下；有砟轨道区段道砟面积雪厚度 50 mm 以上时，限速 160 km/h 及以下。

② 接触网导线结冰受电弓取流不畅时，限速 160 km/h 及以下。

③ 动车组转向架结冰需要列车限速时，无砟轨道区段限速 250 km/h 及以下，有砟轨道区段限速 200 km/h 及以下。

4. 异物侵限报警

（1）接到自然灾害及异物侵限监测系统异物侵限子系统灾害报警信息时的处置。

① 列车调度员接到异物侵限子系统异物侵限灾害报警信息后，应立即通知区间内已进入报警地点及尚未经过报警地点的列车立即停车，不再向该区间放行列车，同时向调度所值班主任（值班副主任）汇报，值班主任（值班副主任）应立即通知设备管理单位赶赴现场检查处理。

② 在设备管理单位检查人员到达报警点前，列车调度员通过视频监控系统查看现场情况，有异状或不能确认时，必须经设备管理单位检查处理并具备放行列车条件后，方可组织列车运行。无异状时，按下列规定办理：

a）列车调度员确认报警地点次一个闭塞分区空闲后，对区间内已进入报警地点及尚未经过报警地点的列车，口头通知司机逐列恢复运行，以遇到障碍能随时停车的速度（动车组列车最高不超过 40 km/h，其他列车最高不超过 20 km/h）越过报警点所在闭塞分区，指示后列恢复运行前必须确认前列已完整越过报警点次一个闭塞分区并得到前列无异状的报告。

b）司机在报警点所在闭塞分区通过信号机（区间信号标志牌）前停车等候 2 min 后，以遇到障碍能随时停车的速度（动车组列车最高不超过 40 km/h，其他列车最高不超过 20 km/h）越过该闭塞分区，按次一通过信号机显示（列控车载设备显示）运行。司机应加强瞭望，发现异状立即停车，并报告列车调度员；如无异状，司机确认列车完全越过报警点次一个闭塞分区后应及时报告列车调度员。司机在停车等候的同时，必须与列车调度员联系，如确认前方闭塞分区内有列车时，不得进入。

c）区间空闲后，在报警点所在闭塞分区红光带取消前，按站间组织行车。

③ 经设备管理单位现场检查处理，列车调度员根据设备管理单位在《行车设备检查登记簿》内登记的行车限制条件组织列车运行。具备条件时，列车调度员根据设备管理单位允许取消报警点所在闭塞分区红光带的登记，使用临时行车按钮取消异物侵限灾害报警红光带。

④ 在故障未修复前，设备管理单位须派人在现场看守，并及时向列车调度员报告现场情况，在报警点所在闭塞分区红光带取消后，列车调度员应下达限速 120 km/h 及以下注意运行的调度命令，限速位置为报警点所在闭塞分区，司机应加强瞭望。

⑤ 故障修复后，列车调度员将自然灾害及异物侵限监测系统中复原按钮解锁，使系统恢复到正常状态，恢复正常行车组织。

（2）自然灾害及异物侵限监测系统异物侵限子系统一路电网断线报警时的处置。

当双电网的一路电网断线时，异物侵限子系统发出异物侵限传感器故障报警信息，自然灾害及异物侵限监测系统不向列控系统发送灾害报警信息，不影响正常行车。列车调度员接到异物侵限子系统一路电网断线报警信息后，应按正常组织行车，并立即通知设备管理单位检查处理。

（3）自然灾害及异物侵限监测系统异物侵限子系统故障导致系统不能反映现场情况时的处置。

① 列车调度员发现异物侵限子系统故障导致系统不能反映现场情况时，应立即通知设备管理单位，并在《行车设备检查登记簿》内登记；设备管理单位发现异物侵限子系统故障时，应立即报告列车调度员，并在调度所《行车设备检查登记簿》内登记。

② 异物侵限子系统故障未修复前，设备管理单位须派人在现场看守，并及时向列车调度员报告现场情况，列车调度员应下达限速 120 km/h 及以下注意运行的调度命令，限速位置为监测点所在闭塞分区，司机应加强瞭望。遇有异物侵限时，看守人员应立即通知列车调度员，列车调度员呼叫列车停车。

③ 在看守人员未到达异物侵限监测点前，列车调度员应下达限速 120 km/h 及以下（异物侵限监测点为隧道口时，限速 40 km/h 及以下）注意运行的调度命令，限速位置为监测点所在闭塞分区，司机在该处注意运行。

5. 地震监测报警

列车调度员接到地震监测子系统地震监控报警信息或接到现场地震报告后，应立即关闭有关信号（车站控制时为通知车站值班员关闭有关信号），通知相关列车停车。列车司机组织列车乘务人员根据现场实际情况，采取应急处置措施。

列车调度员立即报告调度所值班主任（值班副主任），通知工务、电务、供电、通信、房建等设备管理单位检查。设备管理单位检查处理后，根据设备管理单位登记的行车限制条件组织行车。

6. 天气恶劣难以辨认信号行车

（1）接到天气恶劣报告时的处置。

遇天气恶劣，信号机显示距离不足 200 m 时，司机或车站值班员须立即报告列车调度员。列车按地面信号显示运行时，列车调度员应及时发布调度命令，改按天气恶劣难以辨认信号的办法行车。

（2）天气恶劣难以辨认信号行车办法：

① 列车按机车信号的显示运行。当接近地面信号机时，司机应确认地面信号，遇地面信号与机车信号显示不一致时，应立即采取减速或停车措施。

② 当无法辨认出站（进路）信号机显示时，在列车具备发车条件后，司机凭机车信号的显示起动列车，在确认出站（进路）信号机显示正确后，再行加速。

③ 天气转好时，应及时报告列车调度员发布调度命令，恢复正常行车。

任务 6.3　设备故障行车

1. 列控车载设备不能正常使用

（1）动车组列车运行中遇列控车载设备故障并导致列车停车后，司机应报告列车调度员（车站值班员），并通知随车机械师。车站值班员报告列车调度员。司机转换冗余切换开关（开关不在司机室时，司机通知随车机械师进行转换）启动冗余设备或将列控车载设备断电 30 s 后重新启动，设备恢复正常时，报告列车调度员，继续运行。

（2）已在区间内运行的装备 LKJ 的动车组列车因列控车载设备故障，不能恢复正常运行，但能提供机车信号时，司机应报告列车调度员（车站值班员），车站值班员报告列车调度员。在信号机常态点灯的 CTCS-2 级区段，列车调度员发布改按 LKJ 方式行车的调度命令，动车组列车改按 LKJ 方式运行。在 CTCS-3 级及信号机常态灭灯的 CTCS-2 级区段，列车调度员在确认该列车至前方站（线路所）间空闲后，发布改按 LKJ 方式行车的调度命令，动车组列车改按 LKJ 方式运行。

（3）已在区间内运行的未装备 LKJ 的动车组列车列控车载设备故障，不能恢复正常运行时，司机应报告列车调度员（车站值班员），车站值班员报告列车调度员。列车调度员（车站值班员）不再向该区间放行列车，并通知已进入区间的后续列车立即停车。确认该列车至前方站（线路所）间空闲后，列车调度员发布改按隔离模式运行的调度命令，列车改按隔离模式，按地面信号显示以不超过 40 km/h 的速度运行至前方站（线路所）。该列车到达前方站（线路所）后，列车调度员方可通知后续列车恢复运行。

（4）动车组列控车载设备故障不能恢复正常运行在车站出发时，装备 LKJ 的动车组列车改按 LKJ 方式运行，未装备 LKJ 的动车组列车改按隔离模式运行。

（5）因设备故障，动车组列控车载设备在 CTCS-3 级与 CTCS-2 级间进行转换时，司机应报告列车调度员。

2. LKJ、GYK、机车信号故障

（1）动车组列车改按 LKJ 方式运行，在自动闭塞区间内遇机车信号或 LKJ 故障时，司机应报告列车调度员（车站值班员），车站值班员报告列车调度员。列车调度员（车站值班员）不再向该区间放行列车，并通知已进入区间的后续列车立即停车。列车调度员确认该列车至前方站（线路所）间空闲后通知司机，列车按地面信号显示以不超过 40 km/h 的速度运行至前方站（线路所）。该列车到达前方站（线路所）后，列车调度员方可通知后续列车恢复运行。

（2）按 LKJ 方式运行的动车组列车遇机车信号或 LKJ 故障在车站出发时，改按隔离模式运行。

（3）动车组以外的列车，在自动闭塞区间内运行遇机车信号或 LKJ（GYK）故障时，司机应立即报告列车调度员（车站值班员），车站值班员报告列车调度员。列车调度员（车站值班员）不再向该区间放行列车，并通知已进入区间的后续列车立即停车。列车调度员确认该列车至前方站（线路所）间空闲后通知司机，列车按地面信号显示以不超过 20 km/h 的速度运行至前方站停车处理或更换机车。该列车到达前方站（线路所）后，列车调度员方可通知后续列车恢复运行。

3. CTC 故障

（1）列车车次号错误或丢失。

① 列车调度员发现 CTC 终端列车车次号错误或丢失时，应进行核对确认，重新输入正确的车次号。

② 车站值班员发现 CTC 终端列车车次号错误或丢失时，应报告列车调度员，与列车调度员核对确认后，重新输入正确的车次号。

（2）CTC 不能下达列车运行计划。

① CTC 不能下达列车运行计划时，列车调度员通知电务部门进行检查处理，并在《行车设备检查登记簿》内登记。

② 通知车站转为非常站控。

③ 采取电话等方式下达列车运行计划。

（3）CTC 不能自动触发进路时，列车调度员（车站控制时为车站值班员）应采取人工触发进路或人工排列进路方式办理，并通知电务部门进行处理，在《行车设备检查登记簿》内登记。

（4）当 CTC 设备登记停用或全站表示信息中断未及时恢复时，应转为非常站控。

（5）调度所及车站 CTC 设备均不能正确显示列车占用状态。

① 调度所及车站 CTC 设备均不能正确显示列车占用状态时，列车调度员应立即通知已进入区间的列车司机立即停车，通知电务部门进行处理。

② CTC 设备不能正确显示列车占用状态故障暂时无法修复，具备放行列车条件时，列车调度员根据电务部门登记的行车限制条件放行列车，通知车站转为非常站控。对已进入区间的列车，列车调度员确认列车至前方站（线路所）间空闲后，通知列车司机逐列恢复运行，指示后列恢复运行前必须确认前列已完整到达前方站（线路所）。司机按信号显示运行，逐列运行至前方站（线路所）。区间空闲后，按站间组织行车。

③ CTC 设备不能正确显示列车占用状态故障修复，列车调度员根据电务部门的销记，通知有关列车司机恢复正常行车。

4. 进站（出站、进路）信号机、线路所通过信号机故障或车站（线路所）道岔失去表示、轨道电路非列车占用红光带

（1）进站（接车进路）信号机故障或接车进路上道岔失去表示、轨道电路非列车占用红光带。

① 列车调度员（车站控制时为车站值班员）通知设备管理单位进行检查处理，在《行车设备检查登记簿》内登记。

② 设备故障修复，列车调度员（车站控制时为车站值班员）根据设备管理单位的销记，开放进站（接车进路）信号办理接车。

③ 设备故障暂时无法修复，具备放行列车条件时，列车调度员（车站控制时为车站值班员）根据设备管理单位登记的行车限制条件组织行车。

a）进站（接车进路）信号机引导信号能够开放时，在确认接车进路空闲、进路准备妥当后，开放引导信号办理接车。

b）进站（接车进路）信号机引导信号不能开放时，在确认接车进路空闲、进路准备妥当后，列车调度员发布准许越过该信号机的调度命令，司机凭调度命令越过该信号机。动车组列车在进站（接车进路）信号机前停车后，装备 LKJ 的动车组列车将列控车载设备隔离，按 LKJ 方式运行，速度不超过 40 km/h；未装备 LKJ 的动车组列车改按隔离模式进站停车。动车组以外的列车按 LKJ（GYK）方式运行，速度不超过 20 km/h。

（2）出站（发车进路）信号机故障或发车进路上道岔失去表示、轨道电路非列车占用红光带。

① 列车调度员（车站控制时为车站值班员）通知设备管理单位进行检查处理，在《行车设备检查登记簿》内登记。

② 设备故障修复，列车调度员（车站控制时为车站值班员）根据设备管理单位的销记，开放出站（发车进路）信号机办理发车。

③ 设备故障暂时无法修复，具备放行列车条件时，列车调度员（车站控制时为车站值班员）根据设备管理单位登记的行车限制条件组织行车。

a）出站信号机不能开放时：

（a）出站信号机引导信号能够开放时，在确认第一个闭塞分区空闲（CTCS-3 级及信号机常态灭灯的 CTCS-2 级自动闭塞区间对 LKJ 或 GYK 控车的列车和自动站间闭塞区间为确认区间空闲）和发车进路空闲，进路准备妥当后，开放引导信号办理发车。

（b）出站信号机未设引导信号或引导信号不能开放时，按以下方式办理发车：

在 CTCS-3 级及信号机常态灭灯的 CTCS-2 级自动闭塞区段，信号机应点灯，在确认区间空闲和发车进路空闲，进路准备妥当后，列车调度员发布准许进入区间的调度命令，司机凭调度命令进入区间。装备 LKJ 的动车组列车将列控车载设备隔离，按 LKJ 方式运行至前方站

进站信号机（线路所通过信号机），按其显示的要求执行；未装备 LKJ 的动车组列车改按隔离模式运行至前方站进站信号机（线路所通过信号机），按其显示的要求执行；动车组以外的列车按 LKJ（GYK）方式运行，运行至前方站进站信号机（线路所通过信号机），按其显示的要求执行。

在信号机常态点灯的 CTCS-2 级自动闭塞区段，确认第一个闭塞分区空闲（未装备 LKJ 的动车组列车为确认区间空闲）和发车进路空闲，进路准备妥当后，列车调度员发布准许进入区间的调度命令，司机凭调度命令进入区间。装备 LKJ 的动车组列车将列控车载设备隔离，按 LKJ 方式运行，以不超过 40 km/h 的速度运行至区间第一架通过信号机，按其显示的要求执行；未装备 LKJ 的动车组列车改按隔离模式运行至前方站进站信号机（线路所通过信号机），按其显示的要求执行；动车组以外的列车按 LKJ（GYK）方式运行，以不超过 20 km/h 的速度运行至区间第一架通过信号机，按其显示的要求执行。

自动站间闭塞区段，在确认区间空闲后，应停止使用基本闭塞法改按电话闭塞法行车，确认发车进路空闲和进路准备妥当后，发布调度命令，司机凭调度命令进入区间。装备 LKJ 的动车组列车（需将列控车载设备隔离）、动车组以外的列车，按 LKJ（GYK）方式运行至前方站进站信号机（线路所通过信号机），按其显示的要求执行；未装备 LKJ 的动车组列车改按隔离模式运行至前方站进站信号机（线路所通过信号机），按其显示的要求执行。

b）发车进路信号机不能开放时：

（a）发车进路信号机能开放引导信号时，在确认发车进路空闲和进路准备妥当后，开放引导信号办理发车。

（b）列车由车站开往区间，发车进路信号机未设引导信号或引导信号不能开放时，在确认发车进路空闲和进路准备妥当后，列车调度员发布准许越过该信号机的调度命令，司机凭调度命令越过该信号机。装备 LKJ 的动车组列车将列控车载设备隔离，按 LKJ 方式，以不超过 40 km/h 的速度运行至次一信号机前停车，转回列控车载方式控车；未装备 LKJ 的动车组列车改按隔离模式，运行至次一信号机前停车，转回列控车载方式控车；动车组以外的列车按 LKJ（GYK）方式，以不超过 20 km/h 的速度运行至次一信号机，按其显示要求执行。

④ 出站信号机不能开放时，除按规定交付行车凭证外，对通过列车应预告司机。装有进路表示器或发车线路表示器的出站信号机，当该表示器不良时，由列车调度员（车站控制时为车站值班员）通知司机；司机发现表示器不良时，应及时报告列车调度员（车站值班员）。

（3）线路所通过信号机故障或进路上道岔失去表示、轨道电路非列车占用红光带。

① 列车调度员（车站控制时为车站值班员）通知设备管理单位进行检查处理，在《行车设备检查登记簿》内登记。

② 设备故障修复，列车调度员（车站控制时为车站值班员）根据设备管理单位的销记，恢复正常组织行车。

③ 设备故障暂时无法修复，具备放行列车条件时，列车调度员（车站控制时为车站值班员）根据设备管理单位登记的行车限制条件组织行车。

a）线路所通过信号机引导信号能够开放时，在确认第一个闭塞分区空闲（CTCS-3 级及信号机常态灭灯的 CTCS-2 级自动闭塞区间对 LKJ 或 GYK 控车的列车和自动站间闭塞区间为确认区间空闲）和进路空闲，进路准备妥当后，开放引导信号办理行车。

b）线路所通过信号机引导信号不能开放，列车开往 CTCS-3 级及信号机常态灭灯的 CTCS-2 级自动闭塞区间时，信号机应点灯，在确认区间空闲和进路空闲，进路准备妥当后，列车调度员发布准许越过该信号机的调度命令，司机凭调度命令越过该信号机。装备 LKJ 的动车组列车将列控车载设备隔离，改按 LKJ 方式运行，运行至前方站进站信号机（线路所通过信号机），按其显示的要求执行；未装备 LKJ 的动车组列车改按隔离模式运行，运行至前方站进站信号机（线路所通过信号机），按其显示的要求执行；动车组以外的列车按 LKJ（GYK）方式运行，运行至前方站进站信号机（线路所通过信号机），按其显示的要求执行。

线路所通过信号机引导信号不能开放，列车开往信号机常态点灯的 CTCS-2 级自动闭塞区间时，在确认区间第一个闭塞分区空闲（未装备 LKJ 的动车组列车为确认区间空闲）和进路空闲，进路准备妥当后，列车调度员发布准许越过该信号机的调度命令，司机凭调度命令越过该信号机。装备 LKJ 的动车组列车将列控车载设备隔离，按 LKJ 方式运行，以不超过 40 km/h 的速度运行至区间第一架通过信号机，按其显示的要求执行；未装备 LKJ 的动车组列车改按隔离模式运行，运行至前方站进站信号机（线路所通过信号机），按其显示的要求执行；动车组以外的列车按 LKJ（GYK）方式运行，以不超过 20 km/h 的速度运行至区间第一架通过信号机，按其显示的要求执行。

线路所通过信号机引导信号不能开放，列车开往自动站间闭塞区间时，在确认区间空闲后，应停止使用基本闭塞法改按电话闭塞法行车，确认进路空闲和进路准备妥当后，发布调度命令，司机凭调度命令越过线路所通过信号机。装备 LKJ 的动车组列车（需将列控车载设备隔离）、动车组以外的列车，按 LKJ（GYK）方式运行至前方站进站信号机（线路所通过信号机），按其显示的要求执行；未装备 LKJ 的动车组列车改按隔离模式运行至前方站进站信号机（线路所通过信号机），按其显示的要求执行。

5. 区间通过信号机故障或闭塞分区轨道电路非列车占用红光带（异物侵限报警红光带除外）

（1）列车调度员（车站值班员）发现及得到区间通过信号机故障或闭塞分区非列车占用红光带的信息时，列车调度员（车站值班员）应立即通知区间内已进入故障地点及尚未经过故障地点的列车司机立即停车，通知设备管理单位进行检查处理，并在《行车设备检查登记簿》内登记。车站值班员应立即报告列车调度员。

设备管理单位未销记确认可以放行列车前，不得再向该区间放行列车。设备故障修复，列车调度员根据设备管理单位的销记，通知有关列车司机恢复正常行车。

（2）区间通过信号机（闭塞分区非列车占用红光带）故障暂时无法修复，具备放行列车条件时，根据设备管理单位登记的行车限制条件组织行车。待故障地点（发生两处及以上故障时，为运行方向第一故障地点）前的列车运行至前方站（线路所），对区间内已进入故障地点及尚未经过故障地点的列车，列车调度员确认列车至前方站（线路所）间空闲后，通知列车司机故障闭塞分区起止里程及防护该闭塞分区的通过信号机号码，逐列恢复运行至前方站（线路所），指示后列恢复运行前必须确认前列已完整到达前方站（线路所）。列车恢复运行时，司机在该闭塞分区通过信号机（区间信号标志牌）前停车等候 2 min 后，以遇到障碍能随时停车的速度，最高不超过 20 km/h（动车组列车不超过 40 km/h），越过该闭塞分区，按次一通过信号机显示（列控车载设备显示）运行，司机应加强瞭望。司机在停车等候同时，必须与列车调度员联系，如确认前方闭塞分区内有列车时，不得进入。

区间空闲后，按站间组织行车。

6. 站内轨道电路分路不良

（1）站内轨道电路出现分路不良时，电务部门检测确认后，由电务部门及时在车站、调度所《行车设备检查登记簿》内登记，并在 CTC 终端上进行标注。

（2）列车调度员（车站控制时为车站值班员）办理经由分路不良区段的进路时，执行以下规定：

① 办理进路前，列车调度员（车站值班员）必须亲自或指派其他人员（集控站为车务应急值守人员组织电务、工务人员）确认与进路有关的所有分路不良区段空闲后，方可准备进路，并将分路不良区段的道岔单独锁闭；列车（机车车辆）未全部出清轨道电路分路不良区段前，严禁操纵有关道岔及其防护道岔，不得解除分路不良区段道岔单独锁闭。

② 调车作业时，询问并得到调车人员或司机汇报机车车辆出清道岔轨道电路分路不良区段后，方可扳动道岔，开放信号。

③ 在轨道电路分路不良的股道上停放车辆时，必须对股道两端信号进行钮封。

④ 遇有列车（机车车辆）通过后进路漏解锁、光带不消失时，必须确认列车（机车车辆）已通过该区段后，方可对该区段进行人工解锁。

7. 列车占用丢失

（1）区间列车占用丢失。

① 区间列车占用丢失报警或列车调度员（车站值班员）发现及得到区间列车占用丢失信息时，列车调度员（车站值班员）应立即通知已进入区间的后续列车立即停车。车站值班员应立即报告列车调度员。

② 列车调度员（车站值班员）联系占用丢失的列车司机，询问列车位置及现场情况，通知电务部门检查处理，在《行车设备检查登记簿》内登记。

③ 电务部门未销记确认可以放行列车前，不得再向该区间放行列车。

④ 设备故障修复，列车调度员根据电务部门的销记，通知有关列车司机恢复正常行车。

⑤ 设备故障暂时无法修复，占用丢失的列车运行无异常，具备放行列车条件时，根据电务部门登记的行车限制条件组织行车。对已进入区间的后续列车，列车调度员确认列车至前方站（线路所）间空闲后，通知司机逐列恢复运行，指示后列恢复运行前必须确认前列已完整到达前方站（线路所）。司机按信号显示运行，逐列运行至前方站（线路所）。区间空闲后，按站间组织行车。

（2）站内股道列车占用丢失。

① 站内股道列车占用丢失报警或列车调度员（车站控制时为车站值班员）发现及得到站内股道列车占用丢失信息时，应立即停止使用该故障区段。

② 列车调度员（车站值班员）联系占用丢失的列车司机，询问列车位置及现场情况，通知电务部门检查处理，在《行车设备检查登记簿》内登记。

③ 设备故障修复，列车调度员（车站值班员）根据电务部门的销记，恢复正常行车。

④ 设备故障暂时无法修复时，经电务部门检查处理后，根据电务部门登记的行车限制条件组织行车。

8. 列车无线调度通信设备故障

（1）FAS（固定用户接入交换机）故障。

① 调度台 FAS 均故障

a）列车调度员通知通信部门检查处理，在《行车设备检查登记簿》内登记。

b）列车调度员指示车务应急值守人员转为车站控制办理行车。

c）设备故障修复后，列车调度员根据通信部门在《行车设备检查登记簿》内的销记，恢复设备正常使用和正常行车组织。

② 车站 FAS 故障

a）车站值班员（车务应急值守人员）通知通信部门检查处理，在《行车设备检查登记簿》内登记，报告列车调度员。

b）车站值班员（车务应急值守人员）使用 GSM-R 手持终端或有语音记录装置的自动电话办理行车通话。

c）故障修复后，车站值班员（车务应急值守人员）根据通信部门在《行车设备检查登记簿》内的销记，恢复设备正常使用。

（2）GSM-R 故障。

① 列车调度员（车站值班员）得到 GSM-R 故障的报告后，应立即通知通信部门检查处理，在《行车设备检查登记簿》内登记。车站值班员接到报告后应及时报告列车调度员，列车调度员报告调度所值班主任（值班副主任）。

② 根据通信部门在《行车设备检查登记簿》内登记的停用内容、影响范围及行车限制条件，按下列规定办理：

a）GSM-R 故障导致 CTCS-3 级降为 CTCS-2 级时，按 CTCS-2 级行车。

b）影响调度命令无线传送功能时，向司机发布的调度命令，按规定采用列车无线调度通信设备发布、转达或采用人工书面交递方式。

c）遇无进路预告信息，司机须报告列车调度员（车站值班员），列车由正线通过改为侧线接车时，列车调度员（车站控制时为车站值班员）应提前预告司机。

③ 设备故障修复后，列车调度员（车站值班员）根据通信部门在《行车设备检查登记簿》内的销记，恢复设备正常使用。

（3）机车综合无线通信设备故障。

① 司机报告列车调度员（车站值班员），车站值班员报告列车调度员。

a）影响调度命令无线传送功能时，向司机发布的调度命令，按规定采用列车无线调度通信设备发布、转达或采用人工书面交递方式。

b）遇无进路预告信息，司机须报告列车调度员（车站值班员），列车由正线通过改为侧线接车时，列车调度员（车站控制时为车站值班员）应提前预告司机。

c）机车综合无线通信设备不能通话时，司机应立即使用 GSM-R 手持终端报告列车调度员（车站值班员）。如 GSM-R 手持终端也不能进行通话时，司机应在前方站停车报告；机车综合无线通信设备或 GSM-R 手持终端修复（更换）后，方准继续运行。

② 设备故障修复后，恢复设备正常使用。

（4）列车调度员、车站值班员因无线通信设备故障，均无法与司机取得联系。

① 不得向区间放行列车。

② 列车调度员（车站值班员）通知通信部门检查处理，在《行车设备检查登记簿》内登记。

③ 通信部门抢修完毕后，列车调度员根据通信部门在《行车设备检查登记簿》内的销记，恢复正常行车组织。

9. 接触网停电

（1）遇接触网停电时，司机应立即停车并降弓，报告列车调度员（车站值班员）停车原因及停车位置，通知随车机械师（车辆乘务员）、列车长，车站值班员报告列车调度员。供电调度员发现接触网停电时，应立即确认停电范围并通知列车调度员。

（2）列车调度员（车站值班员）接到接触网停电的报告后，应立即扣停未进入停电区域的相关列车，对已进入停电区域的列车应通知司机停车。列车调度员应立即通知供电调度员确认停电范围，通知供电部门检查处理，在 CTC 上设置停电标识。

（3）电力机车牵引的旅客列车因接触网停电在区间停车后，司机应采取保压措施，长时间停车风压不足时，司机通知车辆乘务员组织客运乘务组拧紧全列人力制动机。

（4）接触网跳闸重合或送电成功，原因不明时，供电调度员应立即将接触网跳闸情况、故障标定装置指示地点的里程及限速要求通知列车调度员。列车调度员立即向尚未经过该地点的本线及邻线首列列车发布口头指示限速 80 km/h 注意运行，限速位置原则上按故障标定装置指示地点前后各 2 km 确定。司机应注意观察接触网设备状态，发现影响行车异常情况时应立即停车并向列车调度员报告，列车调度员立即通知尚未经过异常地点的后续列车停车，不得再向该区间放行列车，并立即通知供电部门检查处理，列车调度员按供电部门登记的行车限制条件组织行车；无异常时，司机在通过限速地点后立即向列车调度员报告。列车调度员根据本线司机确认本线无异常的报告组织本线后续列车正常运行，根据邻线司机确认邻线无异常的报告组织邻线后续列车正常运行。

同时，供电调度员应立即组织供电人员登乘本线或邻线列车巡视检查设备。供电人员根据需要及时向列车调度员提出利用动车组列车运送人员处理故障的申请，列车调度员应及时安排。

10. 接触网上挂有异物

（1）司机在运行中发现本线或邻线接触网上挂有异物时，应立即采取措施并向列车调度员（车站值班员）汇报异物情况和故障地点，列车调度员（车站值班员）及时通知供电部门检查处理，在《行车设备检查登记簿》内登记，车站值班员报告列车调度员。

列车调度员转报供电调度员。

（2）本线挂有异物时，如异物情况不影响行车，司机按正常行车方式通过。本线降弓可以通过时，司机按降弓方式通过该地点，列车调度员向该线后续列车发布限速 160 km/h 降弓通过故障地点的调度命令（不设置列控限速），限速降弓位置原则上按司机汇报故障地点前后各 2 km 确定。不能降弓通过时司机应立即停车并报告，列车调度员（车站值班员）应立即通知本线后续列车停车，不得再向该区间放行列车。

（3）邻线挂有异物时，如司机汇报邻线异物不能降弓通过，列车调度员（车站值班员）应立即通知邻线尚未经过该地点的列车停车，不得再向邻线该区间放行列车。如司机汇报邻线异物可降弓通过或异物情况不影响行车，邻线按（2）项规定执行。

如司机汇报不能确定异物是否影响邻线行车，列车调度员应立即向邻线尚未经过该地点的首列列车司机发布口头指示限速 80 km/h 注意运行，限速位置原则上按司机汇报故障地点前后各 2 km 确定。司机应注意观察接触网设备状态。根据该司机确认情况，后续处理按（2）项规定执行。

（4）供电调度员接到报告后，应立即组织供电人员登乘本线或邻线列车巡视检查设备并处理。供电人员根据需要及时向列车调度员提出利用动车组列车运送人员处理故障的申请，列车调度员应及时安排。

供电部门检查处理后，列车调度员按供电部门登记的行车限制条件组织行车。故障处理完毕后，列车调度员根据供电部门在《行车设备检查登记簿》内的销记，恢复正常行车组织。

11. 受电弓挂有异物

（1）列车运行途中，司机接到受电弓挂有异物通知时，应立即降弓、停车，向列车调度员（车站值班员）报告，车站值班员报告列车调度员。需下车检查或登顶作业时，司机（动车组列车为随车机械师通过司机）及时向列车调度员提出请求。

（2）列车调度员（车站值班员）得到报告后，应立即通知区间内后续列车停车，不得再向该区间放行列车。列车调度员根据下车检查或登顶作业的请求，发布邻线列车限速 160 km/h 及以下调度命令；需登顶作业时，列车调度员还应通知该供电臂内的列车停车并降弓，与供电调度员办理接触网停电手续，得到供电调度员接触网已停电的通知后，发布准许登顶作业的调度命令。

（3）司机在接到邻线列车限速 160 km/h 及以下调度命令已发布的口头指示后，下车检查（动车组列车为司机通知随车机械师下车检查）。司机根据准许登顶作业的调度命令和邻线列车限速 160 km/h 及以下调度命令已发布的口头指示登顶作业（动车组列车为司机通知随车机械师登顶作业）。

（4）异物处理完毕后，司机应报告列车调度员，列车调度员与供电调度员办理接触网送电手续，通知该停电供电臂内的列车升起受电弓，取消邻线限速，恢复正常行车。需限速运行时，司机（动车组列车根据随车机械师的通知）限速运行。

（5）司机（动车组列车为随车机械师）现场检查发现受电弓滑板及托架有损伤或接触网有异状时，应及时报告列车调度员，列车调度员扣停后续列车，并通知供电部门对接触网设备进行检查处理，根据供电部门在《行车设备检查登记簿》内登记的行车限制条件组织行车。

12. 运行途中自动降弓

（1）列车在运行途中，因不明原因降弓，司机应立即切断主断路器并停车，同时查看降弓地点公里标，向列车调度员（车站值班员）报告，车站值班员报告列车调度员。

列车调度员（车站值班员）应立即通知区间内后续列车停车，不再向该区间放行列车，列车调度员将降弓情况转报供电调度员。动车组列车随车机械师应根据故障信息记录，及时向司机反馈故障发生时间等信息，由司机报告列车调度员，列车调度员及时转报供电调度员。

（2）列车调度员根据司机（动车组列车为随车机械师通过司机提出的）下车检查或登顶作业的请求，发布邻线列车限速 160 km/h 及以下调度命令；需登顶作业时，列车调度员还应通知该供电臂内的列车停车并降弓，与供电调度员办理接触网停电手续，得到供电调度员接触网已停电的通知后，发布准许登顶作业的调度命令。

（3）司机在接到邻线列车限速 160 km/h 及以下调度命令已发布的口头指示后，下车检查（动车组列车为司机通知随车机械师下车检查）。司机根据准许登顶作业的调度命令和邻线列车限速 160 km/h 及以下调度命令已发布的口头指示登顶作业（动车组列车为司机通知随车机械师登顶作业）。

（4）经检查处理，列车恢复运行后，司机应立即报告列车调度员，列车调度员应立即向本线尚未经过该地点的首列列车发布口头指示限速 80 km/h 注意运行，限速位置原则上按司机汇报故障地点前后各 2 km 确定。司机应注意观察接触网设备状态，发现影响行车异常情况时应立即停车并向列车调度员报告，列车调度员立即通知尚未经过异常地点的后续列车停车，不再向该区间放行列车，并立即通知供电部门检查处理，列车调度员按供电部门登记的行车限制条件组织行车。无异常时，司机在通过限速地点后立即向列车调度员报告，列车调度员根据司机确认无异常的报告组织后续列车正常运行。

（5）供电调度员接到报告后，应立即组织供电人员登乘本线或邻线列车巡视检查设备。供电人员根据需要及时向列车调度员提出利用动车组列车运送人员处理故障的申请，列车调度员应及时安排。

13. 自动过分相地面设备故障

（1）司机发现不能自动过分相时，应立即报告列车调度员（车站值班员），列车调度员（车站值班员）接到报告后，通知后续列车注意运行，通知设备管理单位检查处理，在《行车设备检查登记簿》内登记；设备管理单位发现自动过分相地面设备故障时，应立即报告列车调度员（车站值班员），同时在《行车设备检查登记簿》内登记，写明行车限制条件。

在故障修复前，列车调度员（车站值班员）根据设备管理单位的登记，通知司机采用手动过分相。

（2）自动过分相地面设备修复后，列车调度员根据设备管理单位在《行车设备检查登记簿》内的销记，恢复正常行车组织。

14. 动车组列车空调失效

（1）空调失效超过 20 min 不能恢复但列车能够正常运行时，列车长可视情况通知司机向列车调度员提出在前方最近客运站停车的请求，列车调度员安排列车在前方最近客运站停车。列车在停车站安装好防护网、打开部分车门后，列车调度员根据司机的报告，向司机（救援时还包括救援司机）及沿途各站发布打开车门限速 60 km/h（通过邻靠高站台的线路时限速 40 km/h）运行的调度命令。

（2）列车因故停车不能维持运行且空调失效超过 20 min 不能恢复时，列车长应及时与司机、随车机械师沟通，视情况做出打开车门决定，并通知司机转报列车调度员。

（3）安装防护网、打开车门由列车长组织列车乘务员进行，司机、随车机械师配合。防护网的安装需在列车停车状态下进行，安装位置为运行方向左侧（非会车侧）车门处。防护网安装完毕，打开车门后，由列车长组织列车工作人员值守，直到车门关闭。列车长确认防护网安装牢固、看护到位后报告司机。

（4）需要组织旅客下车或换乘其他列车时，应在车站站台进行。必须在站内不邻靠站台的线路或区间组织旅客下车或换乘时，需经铁路局主管运输副局长（总调度长）批准。

15. 列车运行途中车辆故障

（1）动车组列车运行途中发生车辆故障应急处理：

① 动车组列车运行中出现故障，司机应按车载信息监控装置的提示，按规定及时处理；需要由随车机械师处理时，司机应通知随车机械师。经处置确认无法正常运行时，司机应按车载信息监控装置的提示和随车机械师的要求，选择维持运行或停车等方式，并报告列车调度员（车站值班员），车站值班员报告列车调度员。

② 司机发现或得到基础制动装置故障致使车轮抱死不缓解的报告时，应立即停车，报告列车调度员（车站值班员）停车原因和停车位置，车站值班员报告列车调度员。列车调度员（车站值班员）应立即通知区间内后续列车停车，不再向该区间放行列车。司机在接到列车调度员已发布邻线列车限速 160 km/h 及以下调度命令的口头指示后，通知随车机械师下车检查处理。当动车组列车制动系统故障须切除单车制动力时，随车机械师应将切除制动力的情况及限速要求通知司机，司机报告列车调度员（车站值班员）后，按限速要求运行；车站值班员接到报告后，应及时报告列车调度员，列车调度员及时通知本调度区段相关车站值班员，跨调度区段运行时还应通知邻台列车调度员。

全列车制动不缓解，司机、随车机械师按故障应急手册或车载信息系统的提示处理；全列常用制动不施加，司机立即将制动手柄拉到紧急制动位或按压紧急停车按钮，使动车组紧急停车。动车组停车后，司机复位紧急制动，由随车机械师进行故障处理。司机在开车前必须进行一次完整的制动试验，确认制动系统功能正常。动车组发生制动系统失效情况时，由司机请求救援。

③ 动车组车窗玻璃破损导致车厢密封失效时，列车长或随车机械师应通知司机，司机控制动车组列车限速 160 km/h 运行并报告列车调度员（车站值班员），车站值班员报告列车调度员。

④ 动车组空气弹簧故障时，随车机械师应通知司机限速要求（CRH2/CRH380A/AL 型限速 120 km/h，其余车型限速 160 km/h），司机控制动车组列车限速运行并报告列车调度员（车站值班员），车站值班员报告列车调度员。

⑤ 当车载信息监控装置提示轴承温度超过报警温度时，司机应立即停车，报告列车调度员（车站值班员）停车原因和停车位置，通知随车机械师处理，车站值班员报告列车调度员。列车调度员（车站值班员）应立即通知区间内后续列车停车，并不得再向该区间放行列车。随车机械师检查后，需要限速运行时，通知司机限速要求，司机报告列车调度员（车站值班员）后，按限速要求运行。不能继续运行时，及时请求救援。

⑥ 发现或接到转向架监测故障、车辆下部异音、异状的通知时，司机（列车工作人员）

应立即采取紧急停车措施，司机向列车调度员（车站值班员）报告，车站值班员报告列车调度员。列车调度员（车站值班员）应立即通知区间内后续列车停车，不再向该区间放行列车。司机在接到列车调度员已发布邻线列车限速 160 km/h 及以下调度命令的口头指示后，通知随车机械师下车检查处理。随车机械师检查后，需要限速运行时，通知司机限速要求，司机报告列车调度员（车站值班员）后，按限速要求运行。不能继续运行时，及时请求救援。

（2）动车组以外的旅客列车运行途中发生车辆故障应急处理：

① 发现客车车辆轮轴故障、车体下沉（倾斜）、车辆剧烈振动等危及行车安全的情况时，须立即采取停车措施，并报告列车调度员（车站值班员），车站值班员报告列车调度员。列车调度员（车站值班员）应立即通知区间内后续列车停车，不再向该区间放行列车。

司机在接到列车调度员已发布邻线列车限速 160 km/h 及以下调度命令的口头指示后，通知车辆乘务员下车检查。对抱闸车辆应关闭截断塞门，排除副风缸中的余风，确认安全无误后，方可继续运行；如车轮踏面损坏超过限度或车辆故障不能继续运行时，应甩车处理。

② 列车调度员接到热轴报告后，应按热轴预报等级要求果断处理。必要时，立即安排停车检查（司机应采用常用制动，列车停车后由车辆乘务员负责检查，无车辆乘务员的由司机确认能否继续安全运行）或就近站甩车处理。

③ 遇客车安全监控系统报警或其他故障需要列车限速运行时，车辆乘务员应通知司机限速要求，司机按限速要求运行并报告列车调度员（车站值班员），车站值班员及时报告列车调度员。

④ 空气弹簧故障时，列车运行速度不得超过 120 km/h。

⑤ 采用密接式车钩的旅客列车，在运行途中因故障更换 15 号过渡车钩后，运行速度不得超过 140 km/h。

⑥ 双管供风旅客列车运行途中发生双管供风设备故障或用单管供风机车救援接续牵引需改为单管供风时，双管改单管作业应在站内进行。旅客列车在区间发生故障需双管改单管供风时，由车辆乘务员通知司机向列车调度员（车站值班员）提出在前方站停车处理的请求，并通知司机以不超过 120 km/h 速度运行至前方站，列车调度员发布双管改单管供风的调度命令，车辆乘务员根据调度命令在站内将客车风管路改为单管供风状态。旅客列车改为单管供风跨局运行时，由铁路总公司发布调度命令通知有关铁路局，按单管供风办理，直至终到站。

任务 6.4 其他突发情况行车

1. 双线区间反方向行车

（1）在双线区间，列车应按左侧单方向运行。仅限于整理列车运行时，方可使列车反方向运行；但旅客列车仅在正方向区间的线路封锁、发生自然灾害、因事故中断行车，以及正方向设备故障严重影响列车运行秩序而反方向自动站间闭塞设备良好等特殊情况下，经调度所值班主任（值班副主任）准许，方可反方向运行。

（2）列车反方向运行时，列车调度员应发布调度命令。列车调度员（车站控制时为车站值班员）确认反方向区间空闲。

（3）动车组列车反方向运行时，在 CTCS-3 级区段，CTCS-3 级列控系统最高允许速度为 300 km/h，CTCS-2 级列控系统最高允许速度为 250 km/h；在 CTCS-2 级区段，在 250 km/h 线路上最高允许速度为 200 km/h，在 200 km/h 线路上最高允许速度为 160 km/h。

2. 列车被迫停车后的处理

（1）列车在区间被迫停车不能继续运行时，司机应立即使用列车无线调度通信设备通知列车调度员（两端站）及随车机械师（车辆乘务员），报告停车原因和停车位置，根据需要迅速请求救援。

① 随车机械师（车辆乘务员）、客运乘务组均应听从司机指挥，处理有关行车、列车防护和事故救援等事宜。

② 列车调度员（车站值班员）接到司机通知后，应将区间内列车运行情况通知司机，并立即使用列车无线调度通信设备通知区间内后续列车停车，在停车原因消除前不得再向区间内放行列车。

③ 对已请求救援的列车，不得再行移动，并按规定对列车进行防护。

④ 列车在区间被迫停车后，应保证就地制动，防止列车溜逸。如遇自动制动机故障，动车组以外的旅客列车司机应通知车辆乘务员立即组织列车乘务人员拧紧全列人力制动机；其他列车司机应立即采取安全措施，并向列车调度员报告。

⑤ 需要防护时，列车前方由司机负责，列车后方由随车机械师（车辆乘务员）负责，配备列车防护报警装置的列车应首先使用列车防护报警装置进行防护。单班单司机值乘的列车防护作业办法由铁路局规定。

（2）列车被迫停车可能妨碍邻线时，司机应立即使用列车无线调度通信设备通知邻线上运行的列车和列车调度员（两端站），与随车机械师（车辆乘务员）分别在列车头部或尾部附近对邻线来车方向短路轨道电路，配备列车防护报警装置的列车应首先使用列车防护报警装置进行防护。司机应亲自或指派人员沿邻线一侧对列车进行检查，发现妨碍邻线时，应立即报告列车调度员（两端站）。如发现邻线有列车开来时，应鸣示紧急停车信号。列车调度员（车站值班员）接到列车被迫停车可能妨碍邻线的通知后，应立即通知邻线有关列车停车，在原因消除前不得向邻线放行列车。单班单司机值乘的列车防护作业办法由铁路局规定。

（3）列车在区间被迫停车后，根据下列规定防护：

① 已请求救援时，从救援列车开来方面（不明时，从列车前后两方面），距离列车不小于 300 m 处放置响墩防护；在仅运行动车组列车的线路上，列车在区间被迫停车后已请求救援时，由随车机械师在救援列车开来方面，距离列车不小于 300 m 处人工进行防护，不再放置响墩防护。

② 列车分部运行，机车进入区间挂取遗留车辆时，应从车列前方距离不小于 300 m 处放置响墩防护。

③ 防护人员设置的响墩在停车原因消除后，由防护人员撤除。

3. 列车在区间退行、返回

（1）列车在区间退行。

① 在不得已情况下，列车必须在区间退行时，列车调度员须扣停后续列车，并确认退行距离内的闭塞分区空闲后通知司机允许退行。随车机械师（车辆乘务员）或指派的胜任人员应站在列车尾部注视运行前方，发现危及行车或人身安全时，应立即使用紧急制动装置（紧急制动阀）或通知司机，使列车停车。列车退行速度不得超过 15 km/h。

② 列车若需退行至站内，列车调度员还应确认列车至后方站间已空闲。列车调度员（车站控制时为车站值班员）根据线路占用情况，可开放进站信号机或按引导办法将列车接入站内。动车组列车若需退行至站内，列车调度员应发布调度命令。

③ 动车组列车退行时，改按隔离模式退行。

④ 在降雾、暴风雨雪及其他不良条件下，难以辨认信号时，列车不准退行。

（2）动车组列车由区间返回。

动车组列车在区间被迫停车后须返回后方站时，列车调度员必须确认动车组列车至后方站间已空闲，方可发布调度命令。司机根据调度命令，在动车组列车运行方向（折返）前端操作，列车改按隔离模式返回，运行速度不得超过 40 km/h。

4. 列车分部运行

（1）在不得已情况下，列车必须分部运行时，司机应报告列车调度员（车站值班员），并组织做好遗留车辆的防溜和防护工作，车站值班员立即报告列车调度员。司机在记明遗留车辆辆数和停留位置后，方可牵引前部车辆运行至前方站，在运行中仍按信号显示运行。列车调度员应封锁区间，待将遗留车辆拉回车站，确认区间空闲后，方可开通区间。

（2）列车分部运行时，司机必须检查试验列车制动主管的贯通状态，确认具备开车条件后，方可起动列车。

（3）下列情况列车不准分部运行：

① 采取措施后可整列运行时；

② 对遗留车辆未采取防护、防溜措施时；

③ 遗留车辆无人看守时；

④ 司机与列车调度员及车站值班员均联系不上时；

⑤ 遗留车辆停留在超过6‰坡度的线路上时。

5. 列车冒进信号机

（1）列车冒进信号机后，司机应立即停车报告列车调度员（车站值班员），并不得擅自动车，车站值班员报告列车调度员。列车调度员（车站值班员）接到司机冒进进站（接车进路）信号机报告后，立即通知已进入区间的后续列车停车，不再向该区间放行列车。

（2）列车冒进进站（接车进路）、出站（发车进路）信号机时，列车调度员（车站控制时为车站值班员）得到报告后，在确认列车具备动车条件时，按以下规定处理：

① 列车冒进进站（接车进路）信号机时，列车调度员（车站控制时为车站值班员）在确认接车进路准备妥当和列车运行条件具备后，使用列车无线调度通信设备通知司机进站。

② 列车冒进出站（发车进路）信号机时，列车调度员（车站控制时为车站值班员）应在具备条件后，布置列车后退。但对出发或通过列车，列车调度员（车站控制时为车站值班员）根据实际情况，可在确认发车进路准备妥当、第一个闭塞分区空闲（自动站间闭塞区段为区间空闲）、列车运行条件具备后，使用列车无线调度通信设备通知司机继续运行。

6. 列车运行晃车

（1）运行途中列车司机发现晃车时，应立即减速运行并向列车调度员（车站值班员）报告晃车地点及晃车时列车运行速度，待本列无异常状况后恢复常速运行。车站值班员报告列车调度员。

（2）晃车时列车运行速度为160 km/h以下时，列车调度员（车站值班员）立即通知已进入区间的后续列车停车，不再向该区间放行列车，通知工务部门。列车调度员根据工务部门上道检查的申请，及时发布本线封锁、邻线限速160 km/h及以下的调度命令后，准许上道检查。工务检查设备后，根据现场具体情况，确定列车放行条件。

（3）晃车时列车运行速度为160 km/h及以上时，列车调度员应向后续首列发布限速120 km/h的调度命令，限速位置按司机汇报的晃车地点前后各1 km确定。列车通过晃车地点后，司机应立即向列车调度员报告运行情况。若仍晃车，列车调度员立即通知已进入区间的后续列车停车，不再向该区间放行列车，通知工务部门，根据工务部门上道检查的申请，及时发布本线封锁、邻线限速 160 km/h 及以下的调度命令后，准许上道检查；工务检查设备后，根据现场具体情况，确定列车放行条件。若不再晃车，则按 160 km/h、250 km/h、常速逐级逐列提速。

在逐级逐列提速的过程中，再次发生晃车时，列车调度员应立即通知已进入区间的后续列车停车，不再向该区间放行列车，通知工务部门，根据工务部门上道检查的申请，及时发布本线封锁、邻线限速 160 km/h 及以下的调度命令后，准许上道检查。工务检查设备后，根据现场具体情况，确定列车放行条件。

7. 列车停在接触网分相无电区

（1）电力机车牵引的列车和动车组列车停在接触网分相无电区不能继续运行时，司机应立即降弓，并报告列车调度员（车站值班员），车站值班员报告列车调度员。列车调度员（车站值班员）立即通知已进入区间的后续列车停车，不再向该区间放行列车。

（2）具备采用换弓、退行闯分相等方式自救时，司机应准确报告电力机车（动车组）停车位置，由列车调度员、供电调度员、机车调度员（动车司机调度员）共同根据电力机车（动车组）类型、停车位置、牵引供电设备状况等确定自救方案，组织自救。

（3）不具备自救条件时，按以下规定处理：

① 具备向中性区远动送电时，可在该分相后方接触网供电臂办理停电后，由列车调度员向供电调度员办理向中性区远动送电手续，通知停在该分相的列车升弓，待该列车驶出分相区后，再通知供电调度员恢复原供电方式并向后方接触网供电臂送电，恢复后续列车正常运行。

② 不具备向中性区远动送电时，列车调度员发布邻线限速 160 km/h 及以下的调度命令，司机组织相关人员按规定对列车进行防护，并确认列车前、后方接触网无电区长度，向列车调度员报告。列车调度员根据司机有关前、后方接触网无电区长度的报告，确定救援方案，组织救援。

8. 列车碰撞异物

（1）列车运行中碰撞异物影响行车安全时，司机应立即采取停车措施，并向列车调度员（车站值班员）报告碰撞异物地点、碰撞异物情况及停车地点，动车组列车司机还应通知随车机械师。车站值班员报告列车调度员。列车调度员（车站值班员）立即通知本线已进入区间的后续列车停车，不再向该区间放行列车。需下车检查时，列车调度员根据司机请求及时发布邻线限速 160 km/h 及以下的调度命令，司机在接到列车调度员已发布相关调度命令的口头指示后，下车检查（动车组列车为通知随车机械师下车检查）。

① 经检查列车可以继续运行时，恢复运行（动车组列车按随车机械师的要求运行），司机向列车调度员报告检查情况。如检查未发现异常情况，列车调度员向本线后续首列发布口头指示限速 160 km/h 运行，限速位置按碰撞异物地点前后各 2 km 确定，列车司机应加强瞭

望，确认线路和接触网有无异常状态，在通过限速地点后立即向列车调度员报告，列车调度员在得到司机无异常的报告后，组织本线后续列车恢复正常运行；有影响行车异常情况时，列车调度员根据司机报告，扣停后续列车或组织后续列车限速运行，及时通知有关部门按规定上道检查处理。

② 经下车检查确认不能继续运行时应及时请求救援，并按规定进行防护。

（2）碰撞异物侵入邻线影响邻线行车安全时，列车调度员（车站值班员）接到报告后，应立即通知邻线尚未经过该地点的列车停车，不再向邻线该区间放行列车，并通知有关部门按规定上道检查处理。

（3）碰撞异物情况不明，不能确定是否影响邻线时，列车调度员接到报告后，应立即向邻线尚未经过该地点的首列发布口头指示限速 160 km/h 运行，限速位置按碰撞异物地点前后各 2 km 确定。

邻线首列列车司机应加强瞭望，确认线路和接触网有无异常状态，在通过限速地点后立即向列车调度员报告，列车调度员在得到司机无异常的报告后，组织邻线后续列车正常运行。有影响行车异常情况时，列车调度员根据司机报告，扣停后续列车或组织后续列车限速运行，及时通知有关部门按规定上道检查处理。

（4）工务、电务、供电部门应利用天窗时间对碰撞异物地点前后 2 km 范围内的设备进行重点检查。

9. 列车发生火灾、爆炸

（1）司机发现列车发生火灾、爆炸或接到列车发生火灾、爆炸的通知及报警时，须立即停车（停车地点应尽量避开长大隧道等，选择便于旅客疏散的地点），报告列车调度员（车站值班员），车站值班员报告列车调度员。列车调度员（车站值班员）接到报告后，立即通知邻线相关列车及本线后续列车停车，不再向区间放行列车。现场需停电时，列车调度员通知供电调度员停电。需组织旅客疏散时，司机得到邻线列车已扣停的通知后，转告列车长组织列车乘务人员将旅客疏散到安全地带。

（2）重联动车组列车需解编时，由随车机械师负责引导，司机确认并拉开安全距离。解编后，动车组应分别按规定采取防溜措施。

动车组以外的列车需要分隔甩车时，应根据风向等情况而定。一般为先甩下列车后部的未着火车辆，再甩下着火车辆，然后将机后未着火车辆拉至安全地段。对甩下的车辆，在车站由车站人员负责采取防溜措施；在区间由司机、车辆乘务员负责采取防溜措施。

任务 6.5 列车救援

1. 使用机车、救援列车救援

（1）列车调度员接到救援申请，按规定发布调度命令封锁区间，并报告值班主任（值班副主任）。

（2）列车调度员根据情况确定使用内燃（电力）机车或救援列车担当救援，并将救援方案通知车站值班员和请求救援列车司机。担当救援的列车需要跨区段担当救援任务时，列车调度员须通知机车调度员（动车司机调度员）指派带道人员。

（3）列车调度员及时发布有关调度命令。担当救援的司机接到救援命令后，必须认真确认。命令不清、停车位置不明确时，不准动车。

（4）向封锁区间发出救援列车时，不办理行车闭塞手续，以列车调度员的命令，作为进入封锁区间的许可。

（5）救援列车的出发或返回，均应通知列车调度员及对方站（与本站为同一人办理时除外）。如事故现场设有临时线路所时，列车调度员（车站控制时为车站值班员）应于发车前，商得线路所车站值班员的同意。

（6）发生事故时，在事故调查组人员到达前，站长（副站长）应随乘发往事故地点的第一列救援列车（分部运行时挂取遗留车辆的机车除外）到事故现场，负责指挥列车有关工作。

（7）救援列车进入封锁区间后，在接近被救援列车或车列 2 km 时，要严格控制速度，同时，使用列车无线调度通信设备与请求救援的列车司机进行联系，或以在瞭望距离内能够随时停车的速度运行（最高不得超过 20 km/h），在防护人员处或压上响墩后停车，联系确认，并按要求进行作业。

（8）使用机车救援动车组时，应进行制动试验，制动主管压力采用 600 kPa。具备升弓供电条件时，允许动车组升弓供电。当使用电力机车担当救援机车，如动车组升弓，由动车组司机通知救援机车司机，救援机车司机在通过分相区前通知动车组司机断电并降弓。

连挂前，司机须与列车调度员联系，在得到列车调度员已发布邻线限速 160 km/h 及以下的调度命令（妨碍邻线及组织旅客疏散时为已扣停邻线列车）的口头指示后，方可开始作业。

救援机车司机在救援作业过程中，要严格遵守有关限速规定，与动车组司机保持联系。

救援运行中尽可能避免实施紧急制动。

（9）动车组由机车牵引继续运行时，列车调度员根据随车机械师提出的限速要求，向救援机车司机发布限速运行的调度命令。

（10）使用机车救援动车组时，动车组列控车载设备转入或退出隔离模式不发布调度命令。

（11）当故障列车处理后可继续运行时，列车调度员应根据司机请求，取消前发救援调度命令。

2. 动车组救援动车组

（1）列车调度员接到救援申请，按规定发布调度命令封锁区间，并报告值班主任（值班副主任）。

（2）列车调度员将救援方案通知车站值班员和请求救援的动车组司机。担当救援的动车组列车需要跨区段担当救援任务时，列车调度员须通知机车调度员（动车司机调度员）指派带道人员。

（3）列车调度员及时发布有关调度命令。担当救援的动车组司机接到救援命令后，必须认真确认。命令不清、停车位置不明确时，不准动车。

（4）向封锁区间发出救援动车组时，不办理行车闭塞手续，以列车调度员的命令，作为进入封锁区间的许可。

（5）救援列车的出发或返回，均应通知列车调度员及对方站（与本站为同一人办理时除外）。如事故现场设有临时线路所时，列车调度员（车站控制时为车站值班员）应于发车前，商得线路所车站值班员的同意。

（6）发生事故时，在事故调查组人员到达前，站长（副站长）应随乘发往事故地点的第一列救援列车到事故现场，负责指挥列车有关工作。

（7）在故障动车组前部救援时，担当救援的动车组按隔离模式进入区间，在接近被救援列车 2 km 时，以在瞭望距离内能够随时停车的速度运行，最高不超过 20 km/h，在距被救援列车不小于 300 m 处一度停车，与被救援列车联系确认后进行作业；在故障动车组尾部救援时，开放出站信号，担当救援的动车组按完全监控模式进入区间，在行车许可终点停车，与被救援列车联系确认后，按目视行车模式进入前方闭塞分区，以在瞭望距离内能够随时停车的速度运行，最高不超过 20 km/h，在距被救援列车不小于 300 m 处一度停车（行车许可终点距被救援列车不足 300 m 时除外），与被救援列车联系确认后进行作业。

连挂前，司机须与列车调度员联系，在接到列车调度员已发布邻线限速 160 km/h 及以下的调度命令（妨碍邻线及组织旅客疏散时为已扣停邻线列车）的口头指示后，方可开始作业。

（8）被救援动车组转入或退出隔离模式不发布调度命令。

（9）当故障动车组处理后可继续运行时，列车调度员应根据司机请求，取消前发救援调度命令。

3. 启用热备动车组

（1）动车组故障无法及时修复时，应及时启用热备动车组。热备动车组定员少于故障动车组实际人数时，有条件时，使用定员能满足需要的其他动车组组织旅客换乘。

（2）跨局出动热备动车组时，由铁路总公司调度向铁路局发布调度命令。

（3）有关单位在接到调度命令后，应迅速完成热备动车组出动前的各项准备工作，具备条件后及时发车。

（4）对担当换乘任务的动车组列车应优先放行，确保及时到位及返回归位。

（5）在站内组织旅客换乘时，应尽量安排在同一站台的两个站台面进行。

（6）在区间组织旅客换乘时，列车调度员组织担当换乘任务的动车组列车进入邻线指定位置停车。担当换乘任务的列车到达邻线指定位置停妥后，司机向列车调度员报告。列车调度员通过申请换乘的列车司机通知列车长组织旅客换乘。担当换乘任务的列车长确认旅客换乘完毕后通知司机，司机得到列车长通知，确认车门关闭，具备开车条件后起动列车，并向列车调度员报告。

项目7
高速铁路施工维修行车组织

知 识 点

高速铁路施工维修

施工路用列车开行

确认列车开行

技能目标

掌握高速铁路施工维修的相关规定

掌握施工路用列车开行的相关规定

掌握确认列车开行的相关规定

任务 7.1　高速铁路施工维修概述

1. 施工维修基本要求

（1）凡影响行车的施工、维修作业，都必须纳入天窗，不得利用列车间隔进行。线路、桥隧、信号、通信、接触网及其他行车设备的施工，力争开通后不降低行车速度。维修作业开始前不限速，结束后须达到正常放行列车条件。

（2）列车调度台、车站应设置《行车设备施工登记簿》《行车设备检查登记簿》。具备条件时，可通过施工维修登销记信息系统进行行车设备施工、维修及设备故障的登记和销记。

（3）在调度台办理登、销记手续时，铁路局工务、信号、通信、供电、车辆、房建等部门须各指定一名具有协调能力、熟悉作业情况的胜任人员，作为本部门作业单位驻调度所联络员；在车站办理登、销记手续时，由相关单位在车站安排驻站联络员。驻调度所（驻站）联络员负责向作业单位（配合单位）作业负责人传达有关命令。

（4）各作业单位施工、维修作业完毕后，须及时向驻调度所（驻站）联络员报告。驻调度所（驻站）联络员办理销记手续。

（5）施工作业完毕，但未达到正常放行列车条件时，驻调度所（驻站）联络员应在《行车设备施工登记簿》内登记行车限制条件；在设备达到正常放行列车条件后，及时销记。

2. 施工维修防护

（1）施工维修防护要求。

① 凡影响行车的施工维修，均应设置防护。

未设好防护，禁止开工。线路状态未恢复到准许放行列车的条件，禁止撤除防护、放行列车。施工维修防护的设置与撤除，由施工负责人决定。

在区间或站内线路、道岔上维修时，现场防护人员应站在维修地点附近、且瞭望条件较好的地点进行防护，在天窗内作业时，显示停车手信号。维修作业应在调度所（车站）与作业地点分别设驻调度所（驻站）联络员和现场防护人员，并保持联系。

② 封锁区间施工时，施工负责人应确认已做好一切施工准备，按批准的施工计划（临时抢修施工时除外），由驻调度所（驻站）联络员在《行车设备施工登记簿》内登记。列车调度员应保证施工时间，并及时发出实际施工调度命令。施工负责人接到调度命令，确认施工起止时刻，设好停车防护后，方可开工，并保证在规定时间内完成。

施工单位及设备管理单位应严格掌握开通条件，经检查满足放行列车的条件，且设备达到规定的开通速度要求，办理开通登记后，向列车调度员申请开通区间。如因特殊情况不能按时开通区间或不能按规定的开通速度运行时，应提前要求列车调度员延长时间或限速运行。

③ 施工维修作业时，应严格遵守作业人员和机具避车制度，采取措施保证邻线列车和作业人员安全。

在区间或站内线路、道岔上施工维修作业时，应在列车调度台设驻调度所联络员或在车站行车室设驻站联络员，施工维修地点设现场防护人员。驻调度所（驻站）联络员和现场防护人员应由指定的、经过考试合格的人员担任。施工负责人可指派驻调度所（驻站）联络员负责在列车调度台（车站行车室）办理施工维修登、销记手续，驻调度所（驻站）联络员向施工负责人传达调度命令，通报列车运行情况。驻调度所（驻站）联络员和现场防护人员在执行防护任务时，应佩戴标志，携带通信设备；现场防护人员还应携带必备的防护用品，随时观察施工现场和列车运行情况。发现异常情况时及时通报列车调度员（车站值班员）和施工负责人。

驻调度所（驻站）联络员应与现场防护人员保持联系，如联系中断，现场防护人员应立即通知施工负责人停止作业，必要时将线路恢复到准许放行列车的条件。

④ 在线间距不足 6.5 m 地段施工维修而邻线行车时，邻线列车应限速 160 km/h 及以下，并按规定设置防护。施工单位在提报施工计划时，应提出邻线限速的条件。

邻线来车时，现场防护人员应及时通知作业人员，机具、物料或人员不得在两线间放置或停留，并应与列车保持安全距离，物料应堆码放置牢固。

⑤ 线路备用轨料须在车站范围内码放整齐，线路两侧散落的旧轨料、废土废渣应及时清理。因施工等原因线路两侧临时摆放的轨料，要码放整齐，并进行必要的加固。有栅栏的地段要置于两侧的封闭栅栏内；需临时拆除封闭栅栏时，应设置临时防护设施并派人昼夜看守。

⑥ 凡上道使用涉及行车安全的养路机械、机具及防护设备，须符合有关技术标准，满足运用安全的要求。养路机械、机具及防护设备应专管专用，加强日常检修和定期检查，经常保持良好状态。状态不良的，禁止上道使用。

⑦ 路用列车装卸路料时，装卸车负责人应指挥列车停于指定地点。装卸作业完毕后，其负责人应负责检查装卸货物的装载、堆码状态，确认限界，清好道沿，关好车门。在区间装卸时，装卸车负责人确认具备开车条件后通知司机开车。

⑧ 进入封锁区间的施工列车司机应熟悉线路和施工条件。

（2）施工作业防护。

① 在区间线路上施工时，使用移动停车信号防护，防护办法如下：

a）单线区间线路施工时，如图 7–1 所示。

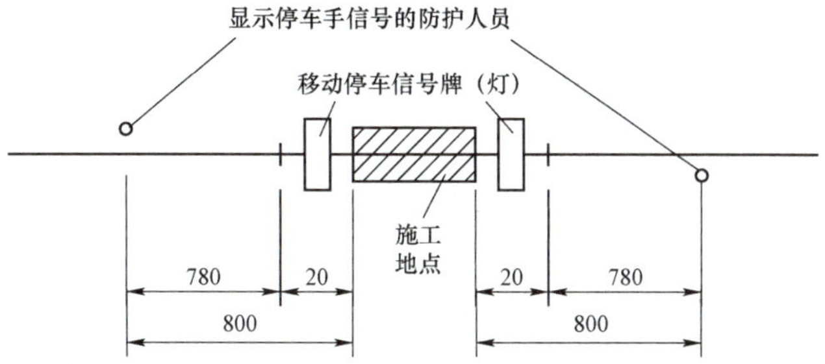

图 7–1　单线区间线路施工时作业防护

b）双线区间一条线路施工时，如图 7–2 所示。

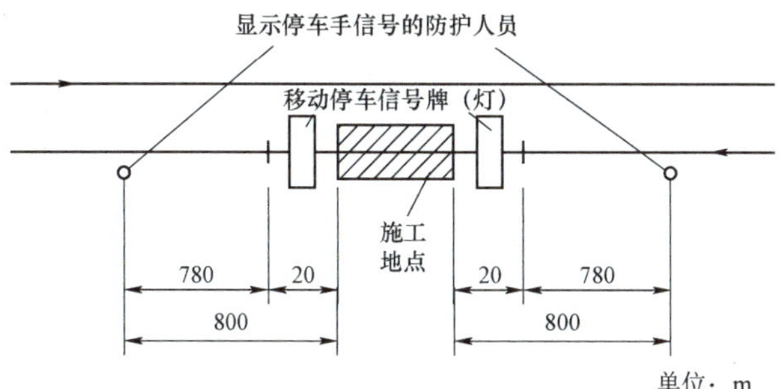

图 7–2　双线区间一条线路施工时作业防护

c）双线区间两条线路同时施工时，如图 7–3 所示。

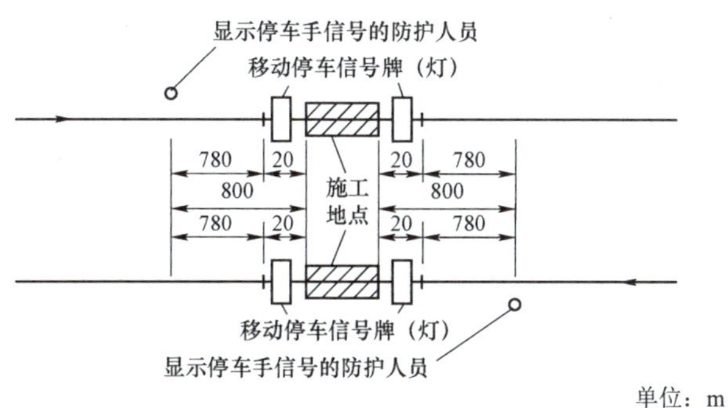

图 7–3　双线区间两条线路同时施工时作业防护

d）作业地点在站外，距离进站信号机（反方向进站信号机）小于 820 m 时，如图 7–4 所示。

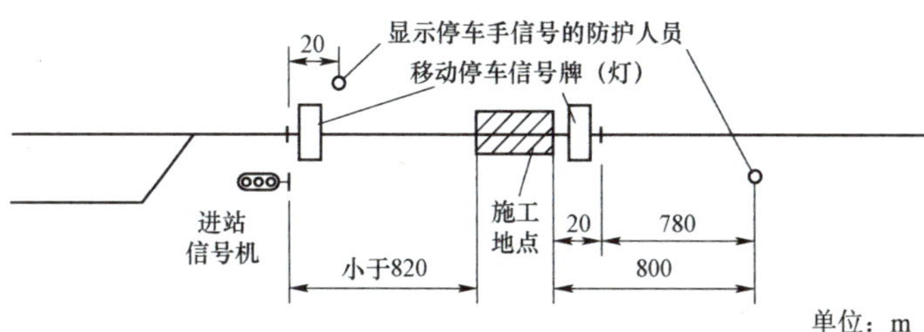

图 7–4　作业地点在站外，距离进站信号机（反方向进站信号机）

小于 820 m 时施工作业防护

现场防护人员应站在距施工地点 800 m 附近（图 7–1～图 7–3），且瞭望条件较好的地点显示停车手信号；施工作业地点在站外，距离进站信号机（反方向进站信号机）小于 820 m 时，现场防护人员应站在距进站信号机（反方向进站信号机）20 m 附近（见图 7–4）；在尽头线上施工，施工负责人经与列车调度员（车站值班员）联系确认尽头一端无列车、轨道车时，则尽头一端可不设防护。

② 在站内线路上施工时，使用移动停车信号防护，防护办法如下：

a）将施工线路两端道岔扳向不能通往施工地点的位置，并加锁或紧固，可不设置移动停车信号牌（灯）。当施工线路两端道岔只能通往施工地点的位置时，在施工地点两端各 50 m 处线路上，设置移动停车信号牌（灯）防护，如图 7–5 所示；如施工地点距离道岔小于 50 m 时，在该端警冲标相对处线路上，设置移动停车信号牌（灯），如图 7–6 所示。

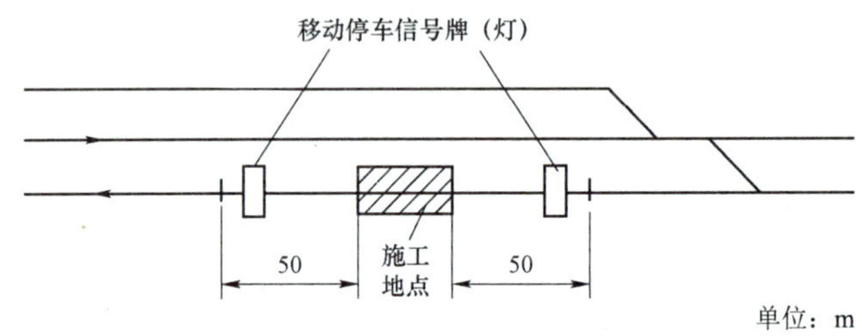

图 7–5　在站内线路上施工，使用移动停车信号防护图 1

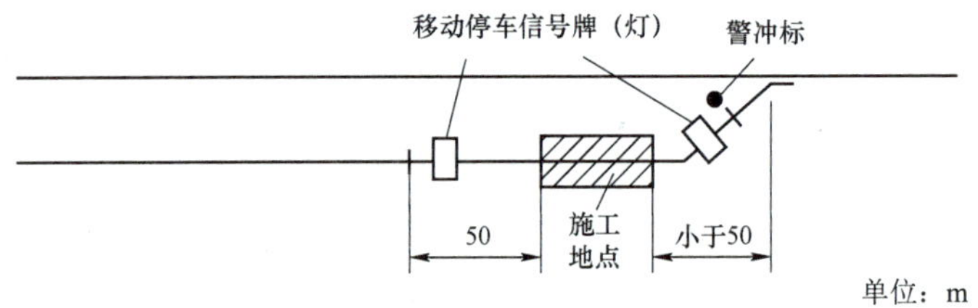

图 7–6　在站内线路上施工，使用移动停车信号防护图 2

b）在进站道岔外方线路上施工，对区间方向，以关闭的进站信号机防护；对车站方向，在进站道岔外方基本轨接头处（顺向道岔在警冲标相对处）线路上，设置移动停车信号牌（灯）防护，如 7–7 所示。

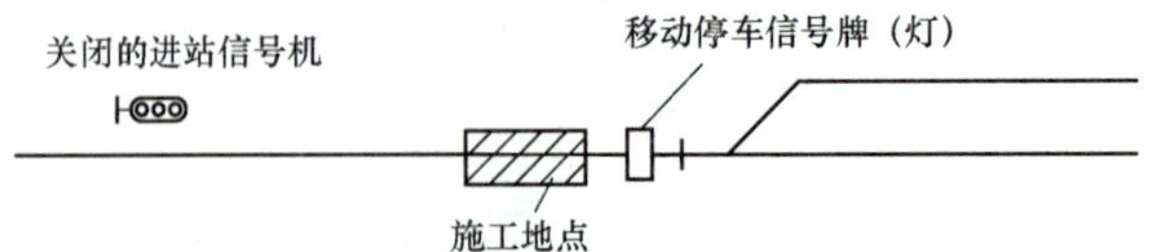

图 7–7　在站内线路上施工，使用移动停车信号防护图 3

c）双线区段，在反方向进站信号机至出站道岔的线路上施工，对区间方向，以关闭的反方向进站信号机防护。对车站方向，在出站道岔外方基本轨接头处（对向道岔在警冲标相对处）线路上，设置移动停车信号牌（灯）防护，如图 7–8 所示。

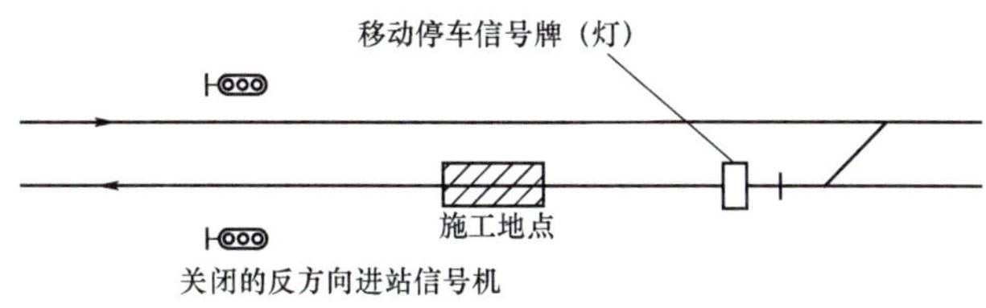

图 7–8　在站内线路上施工，使用移动停车信号防护图 4

③ 在站内道岔上（含警冲标至道岔尾部线路、道岔间线路）施工时，使用移动停车信号防护，防护办法如下：

a）在站内道岔上施工，一端距离施工地点 50 m，另一端两条线路距离施工地点 50 m（距出站信号机不足 50 m 时，为出站信号机处），分别在线路上设置移动停车信号牌（灯）防护，如图 7–9 所示；如一端距离外方道岔小于 50 m 时，将有关道岔扳向不能通往施工地点的位置，并加锁或紧固。

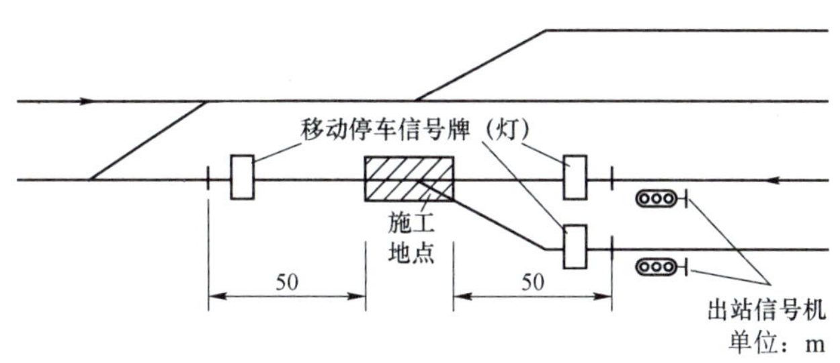

图 7–9　在站内道岔上（含警冲标至道岔尾部线路、道岔间线路）施工时，使用移动停车信号防护图 1

b）在进站道岔上施工，对区间方向，以关闭的进站信号机防护；对车站方向，在距离施工地点 50 m 线路上，设置移动停车信号牌（灯）防护，如图 7–10 所示。距邻近道岔不足 50 m 时，在邻近道岔基本轨接头处设置移动停车信号牌（灯）防护，将有关道岔扳向不能通往施工地点的位置，并加锁或紧固。

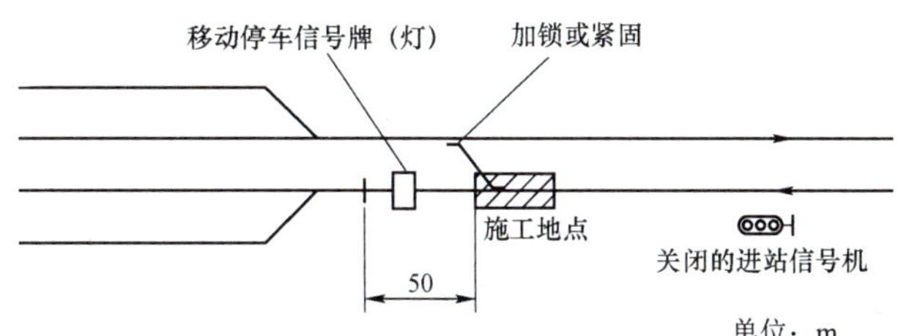

图 7–10　在站内道岔上（含警冲标至道岔尾部线路、道岔间线路）施工时，使用移动停车信号防护图 2

c）在出站道岔上施工，对区间方向，以关闭的反方向进站信号机防护；对车站方向，在距离施工地段不少于 50 m 线路上，设置移动停车信号牌（灯）防护，如图 7–11 所示。距邻近道岔不足 50 m 时，将有关道岔扳向不能通往施工地点的位置，并加锁或紧固。

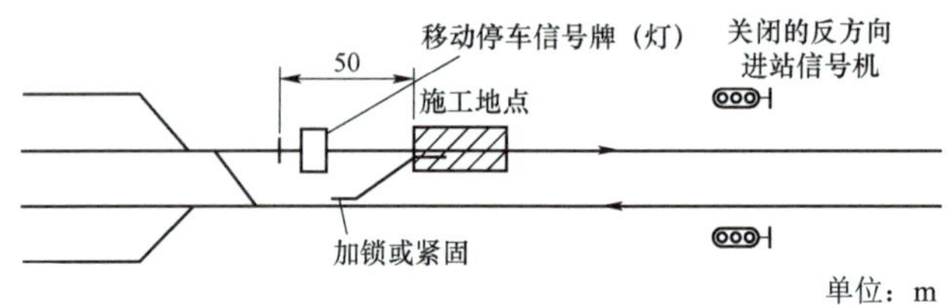

图 7–11　在站内道岔上（含警冲标至道岔尾部线路、道岔间线路）施工时，使用移动停车信号防护图 3

d）在交分道岔上施工，将有关道岔扳向不能通往施工地点的位置，并加锁或紧固，在距离施工地点两端 50 m 处线路上，设置移动停车信号牌（灯）防护，如图 7–12 所示。

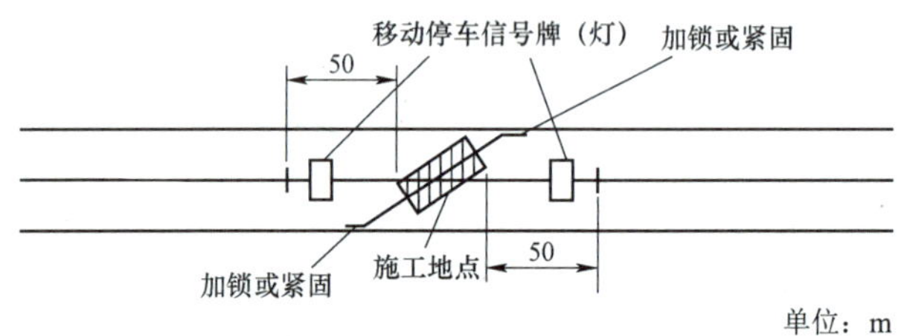

图 7–12　在站内道岔上（含警冲标至道岔尾部线路、道岔间线路）施工时，使用移动停车信号防护图 4

e）在交叉渡线的一组道岔上施工，一端在菱形中轴相对处线路上，另一端在距离施工地点 50 m 处线路上，分别设置移动停车信号牌（灯）防护，将有关道岔扳向不能通往施工地点的位置，并加锁或紧固，如图 7–13 所示。

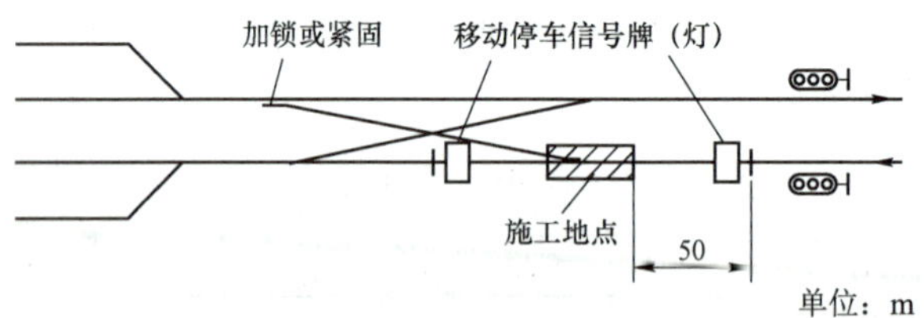

图 7–13　在站内道岔上（含警冲标至道岔尾部线路、道岔间线路）施工时，使用移动停车信号防护图 5

f）在道岔上进行大型养路机械施工时，如延长移动停车信号牌（灯）防护距离后占用其他道岔时，对相关道岔应一并防护。

④ 仅运行动车组列车的区间正线不设置移动减速信号防护，在其余区间正线上，使用带

“T”字和“减速”字的移动减速信号的防护办法如下：

a）单线区间施工，设立位置如图 7–14 所示。

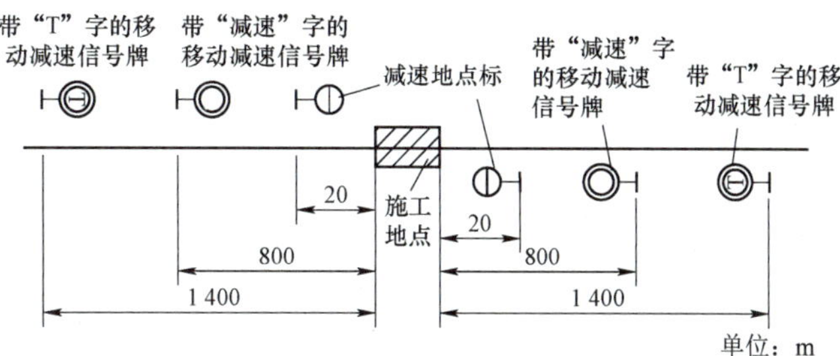

图 7–14　仅运行动车组列车的区间正线不设置移动减速信号防护，在其余区间正线上，使用带“T”字和“减速”字的移动减速信号的防护办法图 1

b）双线区间在一条线上施工，设立位置如图 7–15 所示。

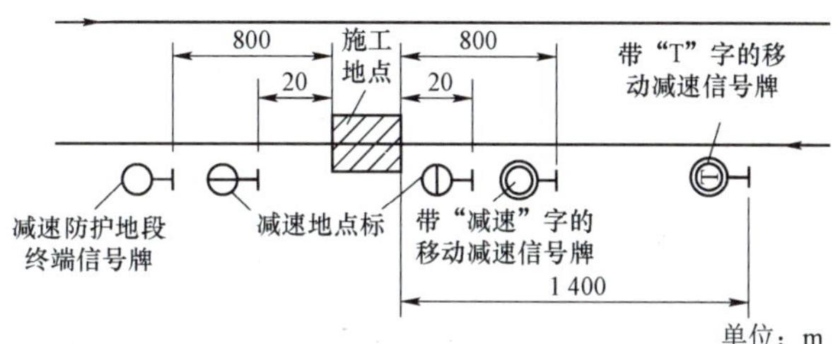

图 7–15　仅运行动车组列车的区间正线不设置移动减速信号防护，在其余区间正线上，使用带“T”字和“减速”字的移动减速信号的防护办法图 2

c）双线区间两条线路同时施工，设立位置如 7–16 所示。

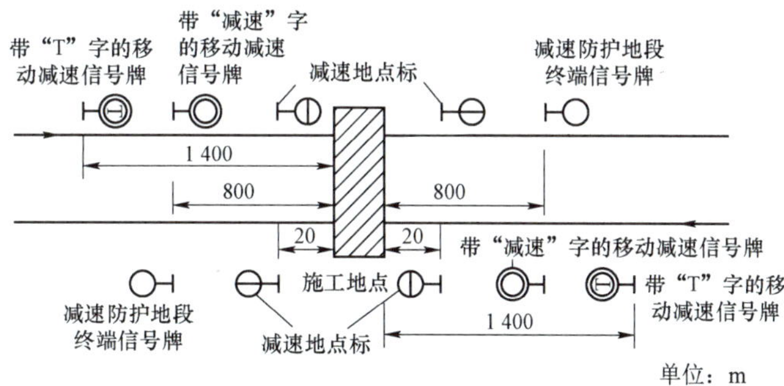

图 7–16　仅运行动车组列车的区间正线不设置移动减速信号防护，在其余区间正线上，使用带“T”字和“减速”字的移动减速信号的防护办法图 3

d）施工地点距离进站信号机（或反方向进站信号机）小于 800 m 时，设立位置如图 7–17 所示。

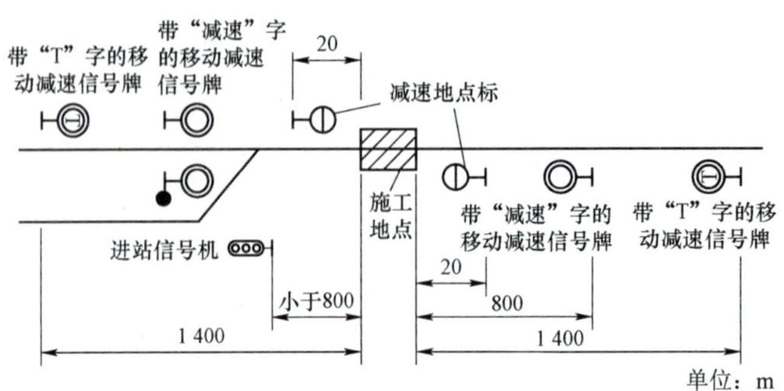

图 7–17　仅运行动车组列车的区间正线不设置移动减速信号防护，在其余区间正线上，使用带“T”字和“减速”字的移动减速信号的防护办法图 4

注：1. 当站内正线警冲标距离施工地点小于 800 m 时，按 800 m 设置移动减速信号牌；

2. 当站内正线警冲标距离施工地点大于或等于 1 400 m 时，不设置带“T”字的移动减速信号牌。

⑤ 仅运行动车组列车的站内线路或道岔不设置移动减速信号防护，在其余站内线路或道岔上，使用带“T”字和“减速”字的移动减速信号的防护办法如下：

a）在站内正线线路上施工，当施工地点距进站信号机大于或等于 800 m 时，单线设立位置如图 7–18 所示，双线设立位置如图 7–19 所示。

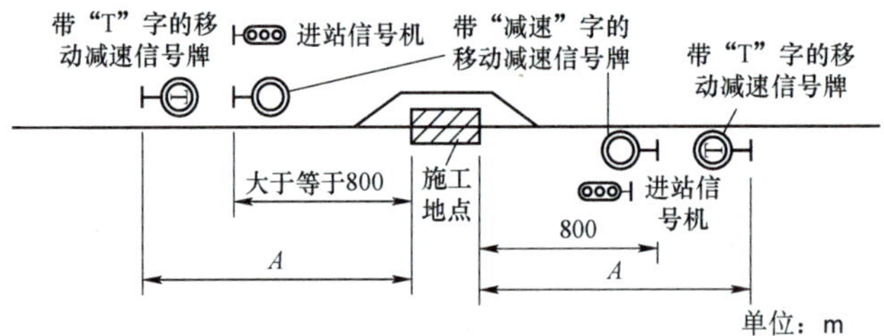

图 7–18　仅运行动车组列车的站内线路或道岔不设置移动减速信号防护，在其余站内线路或道岔上，使用带“T”字和“减速”字的移动减速信号的防护办法图 1

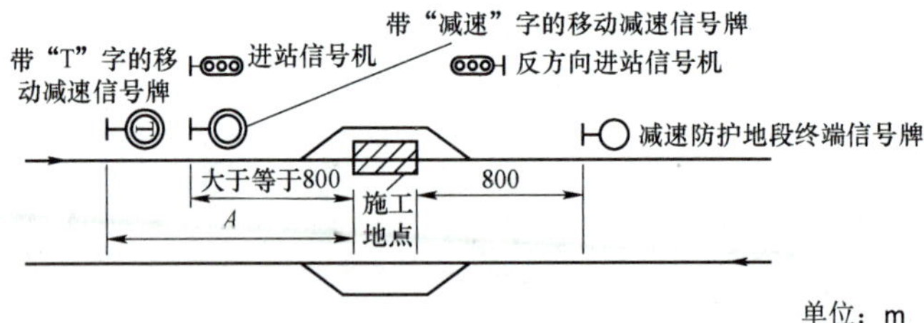

图 7–19　仅运行动车组列车的站内线路或道岔不设置移动减速信号防护，在其余站内线路或道岔上，使用带“T”字和“减速”字的移动减速信号的防护办法图 2

注：当施工地点距进站信号机不足 800 m 时，自施工地点起至 800 m 处区间线路列车运行方左侧，设移动减速信号牌防护；当施工地点距进站信号机大于或等于 A 时，不设置带“T”字的移动减速信号牌，A 取 1 400 m；当施工地点距反方向进站信号机不足 800 m 时，自施工地点起至 800 m 处区间线路列车运行方左侧，设减速防护地段终端信号牌；当施工地点距反方向进站信号机大于或等于 800 m 时，在反方向进站信号机处，设减速防护地段终端信号牌。

b）在站内正线道岔上施工，当施工地点距进站信号机大于或等于 800 m 时，单线设立位置如图 7–20 所示，双线设立位置如图 7–21 所示。

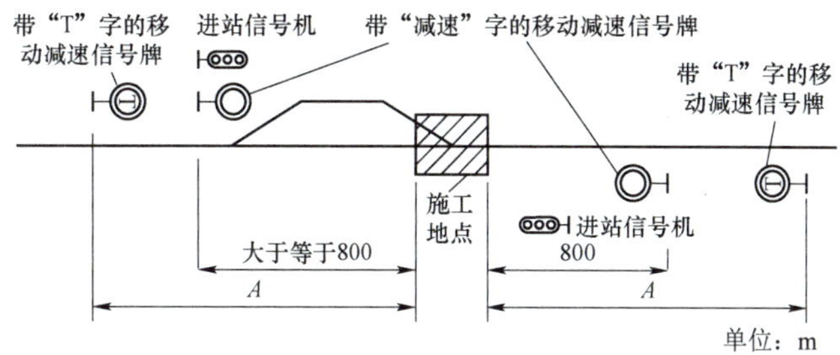

图 7–20　仅运行动车组列车的站内线路或道岔不设置移动减速信号防护，在其余站内线路或道岔上，使用带“T”字和“减速”字的移动减速信号的防护办法图 3

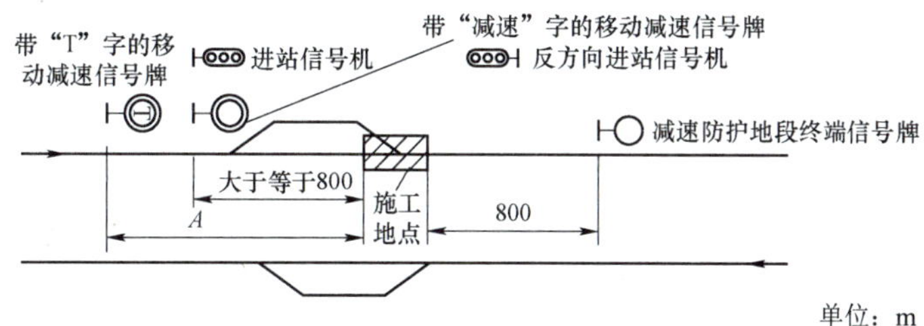

图 7–21　仅运行动车组列车的站内线路或道岔不设置移动减速信号防护，在其余站内线路或道岔上，使用带“T”字和“减速”字的移动减速信号的防护办法图 4

注：当施工地点距进站信号机不足 800 m 时，自施工地点起至 800 m 处区间线路列车运行方左侧，设移动减速信号牌防护；当施工地点距进站信号机大于或等于 A 时，不设置带“T”字的移动减速信号牌，A 取 1 400 m；当施工地点距反方向进站信号机不足 800 m 时，自施工地点起至 800 m 处区间线路列车运行方左侧，设减速防护地段终端信号牌；当施工地点距反方向进站信号机大于或等于 800 m 时，在反方向进站信号机处，设减速防护地段终端信号牌。

c）在站线线路上施工，设立位置如图 7–22 所示。

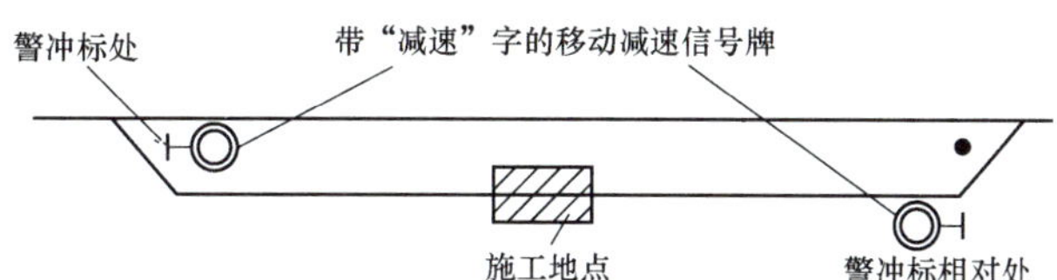

图 7–22　仅运行动车组列车的站内线路或道岔不设置移动减速信号防护，在其余站内线路或道岔上，使用带“T”字和“减速”字的移动减速信号的防护办法图 5

d）在站线道岔上施工，该道岔中部线路旁，设置两面黄色的带“减速”字的移动减速信号牌，设立位置如图 7–23 所示。

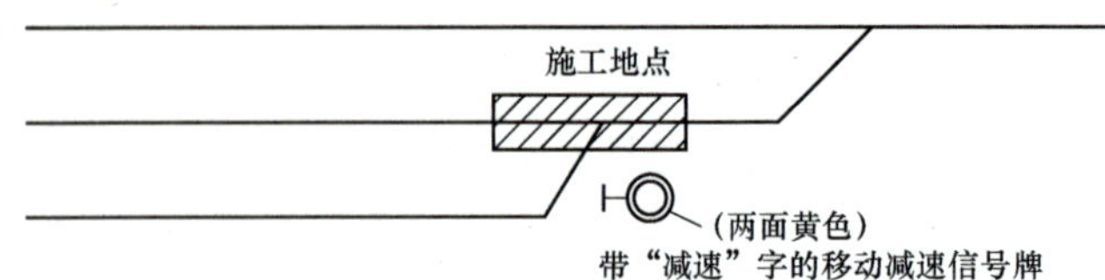

图 7-23　仅运行动车组列车的站内线路或道岔不设置移动减速信号防护，在其余站内线路或道岔上，使用带“T”字和“减速”字的移动减速信号的防护办法图 6

凡线间距离不足规定时，应设置矮型（1 m 高）的移动减速信号牌。

任务 7.2 施工路用列车开行

（1）施工路用列车上线。

① 施工路用列车进入高速铁路运行必须装备列车运行监控装置或轨道车运行控制设备、机车综合无线通信设备，未装设或设备故障的禁止进入高速铁路运行。

② 施工路用列车上线运行应纳入施工、维修日计划，向调度所提供《自轮运转特种设备运行、作业计划表》，注明发站、到站、编组、运行径路、作业地点及转线计划并经主管业务处审核批准。未提供《自轮运转特种设备运行、作业计划表》或内容不全的，禁止进入高速铁路运行。

③ 在 GSM-R 区段，施工路用列车司机及有关人员应配备 GSM-R 手持终端，开车前将联系号码报告列车调度员和相关车站值班员。施工路用列车有关人员间应相互通报联系方式，并进行通话试验。

（2）向封锁区间开行施工路用列车时，列车进入封锁区间的行车凭证为调度命令。该命令中应包括列车车次、停车地点、到达车站的时刻等有关事项。需限速运行时在命令中一并注明。

（3）施工路用列车接发。

① 在常态灭灯的区段，接发施工路用列车时，进站信号机、出站信号机、进路信号机、线路所通过信号机应点灯。

② 施工路用列车在车站开车前需进行自动制动机简略试验时，由施工负责人指派胜任人员负责。

（4）施工路用列车安全。

① 天窗内所有影响施工路用列车运行的施工维修作业必须在施工路用列车通过后方可进行，并须在施工路用列车返回前结束。

② 施工路用列车进入封锁区间的规定：

a）施工单位应指派胜任人员携带列车无线调度通信设备值乘，并在区间协助司机作业。路用列车或施工机械进入施工地段时，应在防护人员显示的停车手信号前停车，再根据施工负责人的要求，按调车办法，进入指定地点。

b）在区间推进运行时，必须安装简易紧急制动阀，施工单位指定胜任人员登乘列车前端，认真瞭望，及时与司机联系，必要时使用简易紧急制动阀停车或通知司机停车。

c）同一封锁区间原则上每端只开行一列路用列车，如超过时，其安全措施及运行办法由铁路局规定。有多台作业车进入同一区间时，作业车辆应组成综合作业车列合并运行，共用一个调度命令进入区间、返回车站或到达前方站。作业车及车列由车站开往区间后，由主体作业单位统一组织协调，划分各作业车的作业范围及分界点。各作业单位必须严格按规定分别设置防护。

③ 施工路用列车由封锁区间进站时，司机须得到列车调度员（车站控制时为车站值班员）的同意后，方可进站。

④ 施工作业完毕，驻调度所（驻站）联络员须确认施工作业车全部到达车站后，方可申请办理开通。

任务 7.3 确认列车开行

（1）确认列车组织。

① 高速铁路仅运行动车组列车的区段，天窗结束后开行动车组列车前，应开行确认列车，确认列车开行纳入列车运行图。其他区段，天窗结束后首趟列车不准为动车组列车；扰动道床不能预先轧道的线路、道岔施工区段，施工开通后第一趟列车不准为旅客列车。

② 确认列车应由工务、电务、供电部门各指派专业技术人员随车添乘，但有相应地面、车载监测设备的电务、供电部门根据需要添乘。

③ 随车机械师负责开启和关闭操纵端司机室后车厢站台侧门，供添乘人员上下车。随车机械师关闭车门后应及时通知司机。

④ 司机在确认行车凭证和开车时间，车门关闭后，即可起动列车。

⑤ 添乘人员必须服从司机的管理，不得干扰司机的正常操作。

（2）确认信息反馈。

① 所有参加确认的人员必须按规定的时间、确认事项和内容报告确认情况。

② 确认信息报告程序及时间。

a）异常情况：影响列车运行的确认信息由添乘人员通过司机随时向列车调度员报告，添乘人员同时还应向铁路局专业调度报告。

b）正常情况：添乘人员于添乘到达确认区段终点后及时分别向铁路局专业调度汇报。

参考文献

[1] 隋东旭，陈启杰. 高速铁路行车技术管理. 北京：北京交通大学出版社，2020.